高校教育教学理论与实践创新

段 涛 张美茹 徐艳斌 ◎ 著

吉林出版集团股份有限公司

版权所有　侵权必究

图书在版编目（CIP）数据

高校教育教学理论与实践创新 / 段涛，张美茹，徐艳斌著. — 长春：吉林出版集团股份有限公司，2023.6

ISBN 978-7-5731-3552-0

Ⅰ. ①高… Ⅱ. ①段… ②张… ③徐… Ⅲ. ①高等教育—教学研究—中国 Ⅳ. ①G649.21

中国国家版本馆CIP数据核字（2023）第112000号

高校教育教学理论与实践创新
GAOXIAO JIAOYU JIAOXUE LILUN YU SHIJIAN CHUANGXIN

著　　者	段　涛　张美茹　徐艳斌
出版策划	崔文辉
责任编辑	侯　帅
封面设计	文　一
出　　版	吉林出版集团股份有限公司
	（长春市福祉大路5788号，邮政编码：130118）
发　　行	吉林出版集团译文图书经营有限公司
	（http://shop34896900.taobao.com）
电　　话	总编办：0431-81629909　营销部：0431-81629880/81629900
印　　刷	廊坊市广阳区九洲印刷厂
开　　本	710mm×1000mm　　1/16
字　　数	266千字
印　　张	12.5
版　　次	2023年6月第1版
印　　次	2023年6月第1次印刷
书　　号	ISBN 978-7-5731-3552-0
定　　价	78.00元

如发现印装质量问题，影响阅读，请与印刷厂联系调换。电话15901289808

前　言

　　中国高等教育进入大众化教育阶段后，由于社会生产力的不断发展，社会对专业技能的需求也趋向专业化、多样化，社会的需求导致高等学校面临着重新确定办学定位以及进行分类、分层与分化的重要课题，在高等教育大众化的发展趋势下，找准符合办学定位和办学指导思想的人才培养模式，对各高校来说既势在必行又意义深远。作为人才培养的重要阵地，大学应把提高自主创新能力作为重要任务，切实提高人才培养质量。要把应用型创新人才培养纳入教育教学实践中，重新研究教育教学实施方案，采取针对性的措施，合理调整专业与课程设置，为社会生产和经济部门提供"用得上、留得住"的应用型创新人才，而不是只把"方案摆在纸上，措施挂在口上"。应用型大学要始终把培养高素质创新人才作为根本任务，积极利用各种资源，推进创新团队建设，努力培养一批德才兼备的应用型创新人才。应用型创新人才培养的重点在于训练学生将所学理论知识应用于解决实际问题。这主要依靠课程的优化设计以及教学内容和方法的更新，教学质量只有落实到课程层面才有实际效果。

　　创新教育是时代赋予民办高校的使命，也是高校实现自身发展的必由之路。本书从高校教育自身特点出发，结合当下高校教育发展的大背景，立足社会需求，改革高校教育的教育管理模式以及管理机制，从而使民办高校教育更好地适应高等教育改革和自身的发展需要，为社会培养更多的实用型人才。

　　本书在撰写过程中，由于笔者自身水平有限，书中错漏之处在所难免，恳请广大读者批评指正。

目 录

第一章 概述 ·· 001
    第一节 高等教育大众化理论的产生和分类 ·································· 001
    第二节 高校教育发展的理论基础 ·· 014

第二章 高校教育教学理论研究 ·· 035
    第一节 高校的由来与发展 ·· 035
    第二节 高校的类型 ··· 039
    第三节 高校教育的特征 ·· 043
    第四节 高校教育的必要性 ·· 046
    第五节 高校教育的功能定位 ··· 050
    第六节 现代教育理念 ··· 052

第三章 高校的教学改革探索 ··· 059
    第一节 高校教学模式 ··· 059
    第二节 高校的校企合作 ·· 066

第四章 高校教育教学的策略创新 ·· 086
    第一节 高校教育教学课程创新 ·· 086
    第二节 高校教育教学评价创新 ·· 097

第五章 新时代高校教育理论与实践教学深度融合的机遇与挑战 ········· 112
    第一节 理论与实践教学深度融合是教育教学的基本规律 ················ 112
    第二节 高校教育理论与实践教学深度融合的意义 ························ 115
    第三节 理论与实践教学深度融合的必要性 ································· 118

第六章　高校教育教学的实践创新 ·· 128

　第一节　高校教育教学创新之 VR 课堂 ·· 128

　第二节　高校教育教学创新之慕课 ··· 136

　第三节　高校教育教学创新之微课 ··· 161

参考文献 ·· 192

第一章 概述

第一节 高等教育大众化理论的产生和分类

一、我国应用型大学的产生

随着中国20世纪70年代以来改革开放的深入进行,中国高等教育面临的问题是如何适应新的经济形势进行全面而深刻的改革。20世纪90年代,我国高等院校普遍开展了教育思想大讨论。人们在深刻反思和总结我国高等教育发展的过程中,一方面肯定了中华人民共和国成立以来我国高等教育事业取得的巨大成就,培养了大量的社会主义建设人才;另一方面也反思了高等教育在长期计划经济体制下所产生的一些弊端,有些专家学者将这些弊端概括为"教育观念过时、教育内容陈旧、教育方法落后",主要反映在教育脱离社会经济,高校封闭与社会办学上。

针对我国高等教育的这些弊端,2001年教育部《关于加强高等学校本科教学工作提高教学质量的若干意见》中强调"以社会需求为导向,走多样化成才培养之路。高等学校要根据国家和地区、行业经济建设与社会发展的需要和自身特点,结合学校实际和生源状况,大力推进因材施教,探索多样化人才培养的有效途径"。同年,教育部又在《关于做好普通高等学校本科学科专业结构调整工作的若干原则意见》中,再次强调"大力发展与地方经济建设紧密结合的应用型专业。随着我国高等教育规模的扩大以及产业结构调整步伐的加快,社会对高层次应用型人才的需求将更加迫切。高等学校尤其是地方高等学校，要紧密结合地方经济建设需要，科学运用市场调节机制，合理调整教育资源，加强应用型学科专业建设，积极设置主要面向地方支柱产业、高新技术产业、服务业的应用型学科专业，为地方经济建设输送各类应用型人才"。

2001年4月，教育部在长春召开了"高校人才培养模式研讨会"。本次会议探讨了高校人才培养目标的定位、高校人才的设计，以及应用型人才培养方案和途径等具体问题。

2002年，党的十六大报告指出："要造就数以亿计的高素质劳动者、数以万计的专门人才和一大批拔尖创新人才。"该报告不仅提出了国家发展需要的人才培养的战略目标，而且明确了按不同层次类型对人才进行分类培养的战术思想，从而在一定意义上指明了不同的高校应该具有不同类别的人才培养功能。应用型教育、应用型人才、应用型大学和应用型专业的概念及其内涵，在我国社会和高等教育界逐渐清晰并得到明确。

2007年5月，在上海举办的高校教育学术研讨会上，潘懋元教授指出，目前越来越多的高等院校将原来的综合性、研究型的大学定位转变为多学科型、应用型或职业型、技能型院校。他强调，每所高校在制定发展战略时，必须实事求是地研究地方经济、文化、高教、生源等客观环境和不同类型、层次、专业的社会需求，并结合文化积淀和社会声誉、师资力量与特长等特点和优势，在各自层次和类型中争创一流。应用型大学则是其中的一个重要类型。所以，应用型大学在我国的出现既是社会经济需求的必然，也是改革发展的结果。印度的高等教育改革与发展之路，对我国高等教育具有典型的借鉴意义。20世纪80年代中期，印度高等教育进行了较大的规模扩张，并经受了一系列高等教育改革的阵痛，最为明显的是许多大学生毕业后难以就业。然而，经过十几年的发展，印度经济发生了巨大变化，尤其是软件产业的崛起，引起了人们对印度模式的重新反思。人们发现，正是印度高等教育的大发展，为其后来的经济腾飞储备了大量人才，尽管这些人才当时在国内并没有很好的发展空间，纷纷走到国外，但是，十几年之后，他们重返祖国，并且给印度带回了技术和经济的优势。

精英教育一直是高等教育的传统，也是其发展过程中一个相对稳定的价值选择。在某种意义上，精英化是传统高等教育中一个永恒的价值取向。但历史的发展总是辩证的，昔日高等教育得以存在的价值标准，也许以后会成为高等教育诉求新的合法性来源、进行新的价值观选择的一个障碍。因为，传统高等教育的精英化在一定程度上是由于历史的局限性造成的，而不是在精英之外人们没有接受高等教育的需求。当高等教育主要是为国家培养政治领袖和经济精英服务时，高等教育的精英选择是当然正确的。但在今天的社会，随着社会的发展，高等教育不再是精英教育的特权，大众出于职业考虑以及自身发展的需要接受高等教育，这开始成为高等教育合法性的基础。换言之，高等教育的存在价值开始取决于大众的需要，只有满足了大众接受高等教育的需要，高等教育的存在才有其合理依据。

精英高等教育的重要特征是学校远离社会。但从世界高等教育大众化的趋势来看，我国的高等学校，尤其是地方高校应重视从"学"向"术"转变，即从"追求、发展和传播知识"向"敏感、积极地应对市场反应"转变。为了适应这种转变，我国政府从20世纪80年代就提出了推进素质教育的教育战略，让素质教育贯穿于课程体系和教育教学中。这里的素质教育有两层含义：第一，"素质教育"相对于"专业教育"，它强调了每个专业需要具备宽厚的知识基础，使专业在精深的同时能汲取更广阔的发展养分。第二，素质教育要解决现存工具化倾向使人客体化的问题，培养全面发展的人，从以人为本的科学发展观来讲，这正是我国推进高等教育大众化的真正目的所在。

二、我国应用型大学的发展途径

应用型高等教育已经成为我国大众化高等教育的必然产物和发展趋势。从高等教育发展的特征看，21世纪是中国高等教育优先发展的世纪，我国高等教育由精英化走向大众化，并在办学规格、办学层次、办学类型上出现了多样化特征，发展应用型高等教育培养应用型人才正是顺应了高等教育这一发展规律的正确抉择。国际高等教育的发展经历告诉我们，在大众化高等教育阶段，高等教育规模将持续扩大，但主要不是扩大学术型精英教育，而是应该大力发展应用型高等教育，大大增加培养应用型人才的数量，这是许多发达国家高等教育大众化历程总结出来的经验和规律。

借鉴国外应用型大学发展的途径，结合应用型大学的特征以及我国的实际情况，我们认为我国应用型大学的发展主要有以下三种途径。

（一）由教学型大学向应用型大学发展

教学型大学在我国为数众多，并且多属于以本科层次教育为主的地方院校。它们侧重于教学，科研规模和力量相对较小。随着近年来的扩招，教学型大学的录取分数线越来越低，生源主体为居于高考成绩中间段甚至是中间偏下的学生。对于这样的大学，从理论上分析可以有两种发展途径：一种是按照我国高校发展的传统途径，向着研究型大学发展；另一种是向着应用型大学发展。基于对两种发展途径的可行性分析，可以看出根据我国目前的实际情况，教学型大学向研究型大学发展是很难成功的。首先，研究型大学在高等教育大众化阶段实施的是一种"质"的教育，是着重优秀的教育。因此，其科研规模、教学经费以及生源质量都与优秀教育相匹配。从教学型大学目前的实力看，发展成研究型大学短时间内是在无法实现的。其次，研究型大学培养的是未来的国家政界、商界、科技界以及教育界的领导人，这些人才是我国社会发展所必需的，但是需求量较小。我国目前的经济建设还需要数以万计的面向生产第一线的应用型人才、实用型人才。这些人才的培养仅靠专科层次的高等职业教育来完成是不能满足社会需要的。因而，作为本科层次教育的教学型大学必然要成为培养应用型人才的主力军，它如果继续向着研究型大学的方向前进就会与社会发展产生矛盾，不符合高等教育的发展规律。综上所述，我们认为教学型大学向着应用型大学的方向发展才符合科学的发展观，与我国高等教育改革和发展的主旋律保持一致，教学型大学已经具备成为应用型大学的办学基础和条件。但是受精英教育的影响，当前我国多数教学型大学仍采用学术性教育的办学理念和办学模式，这种办学理念和模式的存在就成为其发展为应用型大学的障碍，必须进行改造：

1. 转变办学理念

教学型大学应认识到不同类型的大学应有不同的人才质量标准。应用型大学承担的是为国家培养面向生产一线的应用型人才，与研究型大学同等重要，而且能在自己的层面上办出水平，达到一流。

2. 进一步明确办学定位

教学型大学要建成应用型大学，还须进一步明确自身的定位。它首先应能为地方生产、建设、管理、服务第一线培养下得去、留得住、用得上的大量高级应用型人才，为地方经济的发展提供智力保障；其次能为地方经济建设与社会发展解决难题，尤其是为生产、建设、服务与管理第一线推广高新实用技术，为提升地方企业的科技含量、提高产品的市场占有率服务；最后能为地方各类专业技术人才继续教育、终身教育提供培训基地与教育基地。

3. 转变办学模式

转变办学模式主要有三方面：第一，应改变传统的"先理论、后实践"的教育理念和"正三角形"课程模式，按照"学科—应用型"理念设计课程体系。第二，应加强具有应用能力的教师队伍建设。第三，应紧密依托行业和当地政府与企业，建立产学研密切结合的运行机制，推进教育和应用型科研的结合。

（二）由高职院校向应用型大学发展

高职院校升本发展成为应用型大学应注意以下几点：

1. 注重应用型学科体系的构建，发展应用型科学研究

高职院校的课程摆脱了学科系统化的三段式模式课程，其专业学科体系让位于专业的职业能力体系，在学科建设方面与本科层次的院校有很大差距。所以，高职院校要建成本科教育层次的应用型大学，就必须加强工程型学科、技术型学科和复合型学科等应用型学科的建设，制定鼓励应用型研究的政策措施。

2. 课程设计应注意本、专课程衔接

高职院校注重学生职业能力的培养，使学生在专门技术能力的掌握和熟练程度上要优于本科生，但其缺少的是学科基础和职业能力的进一步提升。因此，课程设计应注意学科基础知识的补充和职业能力的提升，尤其是加强对学生技术研发能力和分析解决问题的能力等应用能力的进一步培养。

3. 加强师资队伍建设，提高其从事应用型教育的执教能力

高职院校的师资整体条件和实力与应用型大学要求的师资条件还有一定距离，特别是学术水平和科研能力。因此，高职院校必须加强师资队伍建设，不断提升教师学历层次和应用型研究能力，促进教师提高从事应用型教育的执教能力。

4. 进一步突出产学合作教育

已取得良好社会声誉的高职院校，基本都是在产学合作教育方面取得了很多成绩，建立了良好的产学合作运行机制的学校。但是，应用型大学不仅要为本地区培养大批应用型人才，更要通过应用型研究，将研究成果转化成生产力，从而促进区域经济的发展。就目前而言，高职院校在产学合作教育方面，所欠缺的是科研。因此，高职院校除继续加强产学合作教育外，还应鼓励教师开展应用型研究，积极参与企业的科技创新活动，促进科研成果的转化。此外，一些民办高职院校在向应用型大学发展的过程中还应注意规范教学管理和基本教学要求。

（三）独立设置的重点大学二级学院尝试以新机制向应用型学院发展

除上述两种应用型大学的发展途径外，还有一种途径就是独立设置的重点大学二级学院尝试以新机制向应用型大学发展。独立设置的重点大学二级学院在向应用型学院发展的过程中，除应与教学型大学一样在办学理念、办学定位以及办学模式方面进行改造外，还应注意：第一，二级学院要充分利用重点大学的声誉和学术优势与行业和企业建立良好的产学研合作关系，以促进应用型教育的发展。第二，重点大学应给予二级学院更多的自主权利和优惠政策，扶持其发展应用型教育。同时，通过发展应用型教育，改变目前大学教育的传统模式和培养目标，加强同企业和地方的联系，进而提高自身的竞争能力。第三，重点大学应为二级学院创设条件，建立学术型教育和应用型教育的相互融通和交流。学生可以在两条教育通道间互换跑道。

上述是我国应用型大学发展的主要途径。为了保障我国应用型大学的顺利发展，国家和地方政府机构必须为这些学校提供必要的政策和经费支持：第一，地方政府要加大对高校教育的投入，提高高校教育投入在高等教育投入中的比重，并在办学用地以及其他社会资源等方面给予优惠政策或政策性的倾斜；第二，政府应分类指导，针对不同类型的本科教育制定不同的评估标准和评价方案，鼓励学校按照自己的定位要求，健康发展，争创一流。同时国家应像实施"211工程"那样，实施建设优秀应用型大学工程。

三、应用型大学的内涵与基本特征

（一）应用型大学的内涵

大学的属性和类型是由它的内涵决定的，学校的基本内涵包括办学定位、办学模式、人才培养目标等方面。

1. 学以致用、应用为本的办学定位

教育部在本科教育与教学评估的有关文件中明确规定，学校的办学定位一般包括办学目标定位、学校类型定位、教育层次定位、学科专业定位和服务面向定位五个方面。目前，我国的应用型大学多是改革开放以后新建的大学以及适应地方经济发展需求兴办的地方性大学。办学目标以培养为地方经济或区域经济服务的具有适应现场、基层、一线生产、服务、管理等方面专业能力的应用型人才；学科专业的设置以地方经济发展需求或行业对人才的需求为导向；这些大学多以本科层次教育为主体，兼顾高等职业教育和少量研究生层次的教育。总之，学以致用是应用型大学的办学宗旨和基本定位。

2. 以行业需求为导向的学科专业设置

应用型大学产生的历史背景和社会背景决定了这些大学必须适应我国经济改革所推动的产业结构变化和迅猛发展地方经济对人才的需求。因此，应用型大学的学科专业设置必须符合地方和区域经济的发展需求，做到学科专业布局合理，面向地方或行业的需求培养人才，才能保证专业的生源和专业建设的活力。

3. 以突出实践性教学和培养应用能力为主旨的教学体系

应用型人才的培养，要由应用型教学实现。应用型教学的显著特征，是以能力为本位的教学体系，通过教学行为过程，使学生获得能够适应基层工作岗位所需要的知识、能力和素质。教学的本位和教学的目标决定了教学体系的设计应该是：保证学科知识的同时，必须强调专业能力的培养；既要保证课堂理论课程对现实经济技术发展所必需的信息要求，还要突出课堂实践课程对专业能力、工程技术、技术技能等实践性能力的培养。因此，在课程体系设置中，除了理论课程体系外，实践性教学环节、实践性教学体系在整个课程体系中占有特殊的重要性。

实践能力的培养应该贯穿整个教学体系，是教学体系中的主线。教学设计中，能力的培养是设计的重心；在理论课教学中，能否反映启发和培养学生分析问题和解决问题的能力，以及能否适时地在理论教学中引入新思想、新技术核心的管理方法，是评价理论课教学质量的重要指标；在毕业设计（论文）中，选题是否联系社会实际，是否具有应用价值，以及毕业设计作品（论文）能否反映学生运用专业知识解决实际问题的应用能力，是衡量毕业设计（论文）的重要判据。

4. 具有以应用能力和实践经验的教师为主的师资队伍

教学是由教师完成的。应用型的教学体系，需要由具有应用能力和实践经验的教师进行设计和实施。既具有教学技能又有实践经验的教师可以称为"双师型"教师，师资来源渠道的多元化是实现"双师型"教师队伍的有效途径。多元化的途径包括：从生产、服务、管理的一线岗位聘请具有教师素质的人员作为教师，还可以从社会的企事业单位聘请一批具有实践经验的人员作为兼职教师；另外从教师中选派一批到企事业单位一线岗位做实践性进修，使其提高实践应用能力。

总之，能够承担并能实现应用型教学任务的师资队伍建设，是决定应用型大学办学定位和办学质量的关键。

5. 产学研合作教育成为常规的人才培养模式

从理论上人们都承认并接受产学研合作教育是培养现代人才的重要途径。无论是应用型大学还是其他类型的大学都在强调校企合作，推进产学研合作的模式。改革开放以来，高等教育的改革推进了各类高校的产学研合作教育，并取得了一定的成效。不同的高校，根据自身的特点和教育需求，与社会、行业、企事业单位进行着不同方面的教育合作，有的侧重于学生实习、实训、毕业设计和社会实践，有的侧重于科学研究、技术研发、教育培训。

（二）应用型大学的基本特征

"应用型大学"是伴随着高等教育大众化而兴起和发展的"新型大学"。在国际上，特别是经济发达的国家和地区，高校教育早已有之。从20世纪中叶起，随着西方各发达国家进入高等教育大众化阶段，以工程教育为代表的高校教育在各国迅速崛起。美国有四年制工程教育，德国有应用科学大学，法国有大学校。其在专业设置上侧重应用技术、重视实践教学、以培养各类高级专门人才为主。

可见，应用型大学是一种随着经济社会发展需要应运而生的新型大学，它与传统的研究型大学相比，具有比较明显的区别。当前对"应用型大学"的定义虽不尽一致，但也表现出一些共同的特征。

1. 教育目标突出应用型

随着高等教育大众化阶段的到来，应用型大学将培养目标调整为具有较强的社会适应性，一专多能，既懂得专业基础知识理论和基本技能，又掌握各种现代化工具的高素质复合型人才。

2. 人才去向基层化

随着精英教育向大众化教育阶段的转变，应用型大学本科毕业生的就业层次逐渐下移和基层化，博士生和硕士生从事了原先本科生从事的工作，应用型大学本科生则更多地来到生产、管理、建设的基层部门。因此，应用型大学培养的应用型人才具备为生产第一线服务的特点。

3. 教育内容和课程体系实用化

随着大众化教育进程中生源质量差异化、教育目标多元化和人才界定基层化的转变，应用型教育的教学内容和课程设置也随之发生变化。这些变化体现在：

（1）缩减纯理论性的教学内容，增加实践性、操作性强的教学内容；

（2）课程设置多样化，给学生更多的选择余地和空间，学生在选择组合方面由被动转为积极主动，学习时间也更加灵活多样。

4. 教学方式的多样化

由于精英教育时期的本科教育是培养理论型、研究型的高层次人才，教学方式多采用传统的课堂讲授方式，而大众化应用型教育侧重培养具有较强适应性的基层实用型人才的理论应用能力和实际操作能力，因此除了传统的课堂讲授，还要采用案例教学、模拟实验教学、分组研讨教学、项目教学、社会调研以及社会实践等丰富多彩的教学方式，这样才有助于培养学生的实践能力，培养具有较强社会适应性的复合型人才。

四、我国应用型大学的分类

我国应用型大学萌芽于改革开放之初，兴起于20世纪90年代，在21世纪初得到了迅速发展。应用型大学作为一种新的高等教育类型，经过不断改革和实践，已经取得丰硕成果，而且在我国高等教育体系中具有不可替代的特殊战略地位和作用。

高校构成了地方院校的主体。从办学历程上看，应用型大学大致可以分为以下几类：

第一类是随着高等教育规模的不断扩大，高等教育大众化的教育背景下，改革开放前成立的部分本科院校逐渐由研究型大学转型为应用型高校，如北京工商大学、上海对外贸易学院、郑州航空管理学院、西安工业大学等。

第二类是改革开放初期建立的本科院校。如 1985 年由北京地区 12 所大学分校组建而成的北京联合大学，是地方院校的一个代表。1985 年由上海交通大学机电分校和华东纺织工业学院分院组建的上海工程技术大学，还有 1986 年建立的宁波大学、1980 年成立的合肥联合大学。

第三类是由高等工程专科学校升格的本科院校。1949 年后，为满足经济社会发展对工程技术人员的大量需求，新建了一批高等工程专科学校。随着社会对更高层次工程人才的需求，这批高等工程专科学校纷纷在 20 世纪 90 年代或 21 世纪初升格为高等工程院校，如长春工程学院、黑龙江工程学院、徐州工程学院、杭州应用工程技术学院等。

第四类是由高职院校升格为本科院校。1998 年至 2007 年的 9 年间，我国新增设本科院校 211 所，如上海电机学院、上海应用技术学院、东莞科技学院等。

第五类是由高等师范专科学校升格的本科院校，除培养师范生还培养大量的非师范生。在教育类型上，以高校教育为主，如西安文理学院、临沂师范学院、绍兴文理学院、重庆文理学院等。

五、应用型大学的发展战略

（一）校企结合、应用为本的发展战略

应用型大学应坚持应用为本的发展定位。应用型不等于层次低，学校的层次的高低不是由学校类型决定的，培养理论型人才的大学不一定就是重点大学、研究型大学。应用型大学可以培养理论型人才，研究型大学也可以培养应用型人才。历史证明，以应用为主的教育可以成为世界一流的教育。创建于 1861 年的麻省理工学院当时只是一所技术学院，虽然后来增设了人文、社会科学等系科，但学院仍保持了纯技术性质的特色，"有用"始终是麻省理工学院的核心理念。斯坦福大学在 1891 年创建时就认为，大学不是搞纯学术的象牙塔，而是研究与发展工作的中心，"实用教育""创业教育"成为其办学的优良传统，在科学研究上也更多地偏重于应用或具有应用前景的课题。

"校企合作"的发展战略对应用型大学而言的根本意义在于将学校的单一人才模式转化为校企合作、双轨培养模式，即从培养方案的制订到教学内容的选择，从教学时数的分配到教学方法的确定，从考试到毕业设计的选题、范式和评价标准等全部教学过程，不再是学校独家的运作，必须还有以人才培养为目标和指向的社会、企业直接参与。大学与企业合作的一个重要目的就是高校利用科研成果开展创业活动，企业为高校的科技成果、项目转化提供环境和多方位的服务，使企业减少初始投资，降低风险；同时，企业的技术水平提高也促使高校进一步提高科研水平。

（二）为地方经济建设服务的发展战略

应用型大学一般由当地政府投资与管理，必然要服务于地方经济建设的需要，服务地方是其存在的基本前提和价值体现。服务地方经济也有利于高等学校在管理体制、运行机制、专业设置、资源利用等方面进行深入改革。不仅要注意研究国家经济政策的变化，也要研究与地方高校技术优势相匹配的技术市场的变化。

（三）培养复合型应用型人才的发展战略

当前，在我国高等教育迈向大众化阶段的时候，也出现了有关质量问题的种种质疑。究其原因，一方面固然是与1999年和2000年，在缺乏准备的情况下的大扩招，导致许多学校办学条件过于紧张有关；另一方面恐怕也与人们长期形成的"大一统"的质量观有关。对于前一个问题，可以通过以政府投入为主的筹措经费的办法予以解决；至于后一个问题，解决起来难度更大，但意义深远。

随着我高等教育大众化阶段的到来，我们必须重新审视今天的高等教育，树立新的高等教育质量观，其最显著的特点是质量和质量标准的多样化。从传统到现代教育质量观转变的主要标志是1998年联合国教科文组织在巴黎召开的首届高等教育大会。在此之前，各国对高等教育质量观的认识仍然停留在传统的意义上，之后，各国则普遍认同了联合国教科文组织的新的界定：高等教育的质量是一个多层面的概念，在确定国际公认的可比较的质量的同时，对国家、地区和学校具体情况予以应有的重视。

传统的高等教育质量观是精英高等教育的质量观，一是强调以学术、分数为考核的基准，很少考虑以人为本的全面素质的培养与提高；二是强调质量标准的单一性；三是强调"精英式"的质量标准。我国高等院校的在校学生都是经过层层选拔的，从小到大所接受的都是精英式教育，所面临的是不断的竞争、升学与考试。而现代意义上的高等教育质量观，是从全新的视角和多层面的意义上加以解释的，它最主要的特点是"质量"和"质量标准"的多样化。这个新界定包括以下几个方面：一是高等教育的质量是一个多层面的概念，二是高等教育的质量包括国际交往与合作，三是建立独立的国家评估机构和确定国际公认的可比较的质量标准。现代高等教育的明显变化之一是高等教育质量观是一个多层面的概念。高等学校对社会有三层责任：提供科研服务，服务社会，培养人才。不仅要体现学术和精英，还要体现大众和职业要求。变化之二是教育质量评估更加公正、科学和国际化。联合国教科文组织提出通过"建立独立的国家评估机构和确定国际公认的可比较的质量标准"以体现公正，同时这也是质量评估科学性的保证，因为"独立的国家评估机构"可以避免出现方案的制订者、实施者与评估者混为一体的现象，进而影响评估的科学性和公正性。没有经过国际公认的结果显然没有说服力，而且在很大程度上会被认为是缺乏科学性和公正性的表现。变化之三是高等教育质量评估标准不唯一。精英型高等院校有其自身的教学质量评估标准，而应用型大学显然要制定一套符合自身实际的教学质量评估标准，我们应客观地看到，保持各类大学自身的特色是社会所需要的。

第二节　高校教育发展的理论基础

随着我国高等教育向大众化教育阶段的过渡，多样化已成为我国高等教育发展的主要特征，介于研究型大学和职业型院校之间的地方本科院校，逐步成为我国高等教育体系建构中不可替代的中坚力量。研究和探索高校教育的起点范畴、特性和发展模式，正是大众化背景下高等教育多样化发展和建设高等教育强国不可回避的重要理论课题。本节主要从高校教育的起点范畴与特征出发，探讨发展高校教育的战略意义。

一、高校教育的起点范畴与特征

范畴是人的思维对客观事物普遍本质的概括反映，任何一种科学理论都是一个范畴体系，科学理论就是通过范畴体系来揭示其所研究的全部对象的。范畴水平的学理研究涵盖独特的研究范畴、学科体系和研究范式，其中，逻辑起点范畴的形成表征了人们对客体认识更深刻的理论水平，是理论范畴体系建构的基础和学科趋于成熟的标志。尽管目前有关高校教育逻辑起点的讨论并未实质性地展开，但是梳理相关研究不难发现，代表性的观点主要有三种：（1）专业性应用教育起点论；（2）技术教育起点论；（3）应用型教育起点论。这些观点相近而有出入，观点出入的深层因素源于逻辑起点的认识差异，反映出现有研究水平尚处于前科学时期，还有待实证层面研究的深入，并逐步走向理论水平研究的成熟阶段。应当看到，不同逻辑起点的理论体系并存是可能和必要的；但是，在研究过程中应将逻辑起点与研究起点区分开来。研究起点是现实的感性具体，而逻辑起点则是抽象的存在；研究起点是整个研究过程的直接前提，逻辑起点则是作为研究结果的整个逻辑体系的开端。逻辑起点作为一门科学或学科认识的起始范畴，其客观规定性要求它不能随人的价值取向的变化而更迭，随人的理论视野的区别而嬗变。因此，我们有必要首先确认高校教育起点概念的内涵，以界定高校教育的基本特征，形成比较合理的学术语境和理论导向。

（一）高校教育的起点范畴

逻辑起点作为理论研究逻辑结构的起始范畴，有助于厘清理论体系的基本脉络，进而理解学科间的本质差异，划清学科独到的研究范畴。黑格尔在其《逻辑学》中对逻辑起点提出的三条规定性，迄今仍为研究者广泛认同：一是逻辑起点应是一门科学或学科中最简单、最普遍、最抽象的范畴，并且是一个起始范畴；二是逻辑起点应揭示对象的最本质规定，内在地蕴含着本学科体系发展过程中一切矛盾的"胚芽"，即逻辑起点能够作为整个学科体系赖以建立的根据、基础，展示具体而丰富的未来趋向，演绎出一系列的后继概念；三是逻辑起点应与它所反映的研究对象的历史起点一致，应在历史的起源上凝结为理论叙述起点的逻辑范畴，体现历史与逻辑相统一的原则。众所周知，马克思的《资本论》正是从"商品"这个最简单、最抽象的逻辑起点出发，展开关于资本主义经济形态论述的典范——马克思证明资本主义经济的全部多样性都以胚芽的形式存在于"商品"之中。借鉴《资本论》对"商品"范畴的分析与规定性，逻辑起点还应具备这样两个特征：一是逻辑起点应与研究对象保持一致性，进而形成奠定其他范畴的基石和轴心价值的中心范畴或逻辑基项；二是逻辑起点同时能够以"直接存在"的形态承担一定的社会关系。正如《资本论》中的"商品"这一范畴，除反映其效用价值外，同时也反映了商品交换的社会价值，两种价值属性天然并存，缺一不可。

基于这一认识，我们认为，高校教育的逻辑起点应是"专业性应用教育"，即高校教育应是"建立在普通教育基础上的专业性应用型教育"。这是因为，从这一逻辑起点出发，通过专业性应用教育规律、专业性应用教育原则等中介概念，可以到达"高校教育"这个核心概念，最后到达逻辑终点：专业高校教育的目的、培养模式及其实现途径。整个过程遵循从抽象上升到具体的逻辑思维方法，由最基本、最普遍、最抽象的起始范畴逐步展开，层层推演至较具体、较全面、内涵较丰富的终点范畴，构成严谨的范畴体系。

首先，从高等教育的性质来看，高等教育是建立在普通教育基础上的专业性教育，以培养各种专门人才为目标。专业性教育代表了高等教育的根本属性和本质特点。由于高层次专门人才的类型是多样的，既有学术研究型、工程研究型，也有工程应用型、技术应用型，因而，高等教育作为一种专业性教育，既可以是精英学科型专业性教育，也可以是大众应用型专业性教育。对目前的中国高等教育而言，精英高等教育与大众化高等教育同属于普通教育基础上的专业性教育，它们代表着高等教育的两个分支，代表着高等教育的两个发展方向，高等教育学科的一些基本理论和原则对它们是共同适用的。依据联合国教科文组织1997年修订的《国际教育标准分类法》，尽管学科型专业性教育与应用型专业性教育同属5A类阶段的普通高等教育，目的是使学生进入高级研究项目或从事高技术要求的专业，但两者存在着培养方向与职能方面事实上的差异。学科型专业性教育类属5A1型，侧重按学科分类，一般是为研究做准备的；应用型专业性教育则类属5A2型，侧重按行业分类，一般是从事高科技要求的专业性教育。依此分类，应用型专业性教育应是位于学科型教育（5A1）和职业型教育（5B）之间的第二类型的专业性应用教育（5A2），这种教育面向上以行业性为主导，性质上以专业性为主线，类型上以应用型为主体，层次上以教学型为主流，模式上以实践性为主载，与侧重学科性教育的普通大学教育同型异质，本质上应是建立在普通教育基础上的本科层次的应用型专业性教育，其特性是结合学科和行业分设专业，培养面向社会一线的专业应用型高级专门人才。因此，高校教育的性质决定了"专业性应用教育"能够作为最基本、最普遍、最抽象的起始范畴，揭示其异于学科性或职业性专业教育逻辑起点的"最本质规定"。尽管技术教育、工程教育乃至应用型教育这些概念范畴，也能在一定程度上揭示研究对象的本质规定，但作为起始概念范畴，它们要么内涵偏窄，要么外延泛化，难以具备高校教育起始范畴的最基本性、最普遍性和最抽象性。

其次，从高等教育的价值取向来看，虽然专业性和高深性是高等教育的基本价值属性，高深的专门知识（expertise）是研究高等教育一切问题、一切现象的逻辑起点，但就应用型专业性教育与学科型专业性教育错位发展的价值取向而言，学科型专业性教育强调基础性、广博性、普适性和非职业性，应用型专业性教育则强调专门性、针对性、实践性和行业性。按照薛天祥教授的观点，专业是根据学科分类和社会职业分工需要分门别类地进行高深专门知识教与学活动的基本单位。专业是相对于学科分类和社会职业分工而言的，学科分类和社会需求是专业形成的重要依据。学科有其特定内涵："一是学术的分类，指一定科学领域或一门科学的分类（discipline），如自然科学中的物理学、生物学，社会科学中的经济学、教育学等；二是指教育的科目（subject）。"不论是哪一种"学科"，学科性质都是系统的知识分类体系，而专业则是高等学校培养专门人才的基本教育载体；学科是一个知识范畴，专业是一个教学范畴；学科指向专门的科学研究，专业指向行业或职业分工；学科发展以知识的发现和创新为发展目标和价值取向，专业建设以培养满足社会需求的专门人才为目标导向。这是不同类型的高等学校内部学科发展与专业建设各自最本质的特征。应用型大学的学科专业建设不仅强调有成熟的学科和比较完整的学科体系作为支撑，更要求有稳定的行业需求和职业岗位作为基石，强调以培养专业应用型人才为宗旨、以专业建设为重点、以学科建设为依托，一手抓专业建设，一手抓学科建设，侧重以行业背景分析和专业走向为基础，针对职业岗位群的实际需要，设置具有行业针对性和适应性的专业结构群，并以此构建专业应用型教育人才培养体系，建构以学科带头人为龙头的专业教育团队，形成关键性的持续竞争优势。因此，按照应用型专业发展的基本规律，由"专业性应用教育"可以引申出专业应用型教育理论与实践体系的全部内容，并有效形成专业应用型教育体系的逻辑链：从逻辑起点——专业性应用教育，经过专业性应用教育规律——专业性应用教育原则等逻辑中介，最后到达理论体系的逻辑终点——专业应用型教育的目的、培养模式及其实现途径。可见，"专业性应用教育"能够作为高校教育其他概念范畴的逻辑基项，成为整个理论体系赖以建立的根据、基础，展示具体而丰富的未来趋向，演绎出一系列的后继概念。

最后，从高等教育的源流来看，随着社会专业分工的细化和职业的演变，"专业性应用教育"应是相伴培养专门职业人才的专业性教育机构而较早形成的历史概念。从西周时期的大学"辟雍"，到古希腊的"阿卡德米学园"；从战国时期的"稷下学宫"，到中世纪波隆那大学的建立，早就存在为社会培养官宦、辩士、医生、法官和牧师的专业性应用教育。中世纪大学的办学模式，一开始就带有一定的专业应用型。中世纪大学的基本目的是专业教育，时代要求大批受过良好教育的人以满足其需求，大学接受了这一任务。法律、医学、神学和艺术都是需要有能力并受过教育的人所从事的专业。专业教育的目标就是培养能够胜任专业工作的实践者。在中国，尽管"重道轻艺"成为主流价值观，但"工欲善其事，必先利其器"的"器善观"，仍随着"六艺之学""畴人之学"而延续千古。从中世纪的大学到近现代的高等专门学院及我国的京师大学堂，高等教育经历了漫长的历史，但是"基于应用、讲求实务"，广育专业性应用人才，一直是它的主要社会职能。

如今，随着经济与科技尤其是新兴产业的快速发展，为弥补现有高等教育体系在人才培养和专业分布方面的不足与缺陷，保证人才培养结构的均衡和国家竞争力的增强，世界发达国家和地区大力发展高等专业学院或多科技学院，这些专业性学院与普通综合大学并存与互补，共同构成普通高等教育体系的两大支柱，呈现出普通高等教育专业应用型发展的基本走势。可见，"专业性应用教育"作为逻辑起点能够以"直接存在"的形态，在历史的源流上凝结为理论叙述起点的逻辑范畴，与其所反映的研究对象的历史起点一致。

（二）高校教育的基本特征

如上所述，专业性应用教育代表了高校教育的根本属性和本质特点，其与学科型或职业型专业教育的"本质规定性"的差异在于，这类教育结合学科和行业分设专业，培养面向社会一线的专业应用型高级专门人才，其面向上以行业性为主导，性质上以专业性为主线，类型上以应用型为主体，层次上以教学型为主流，模式上以实践性为主载，与侧重学科教育的普通大学教育同型异质，本质上应是建立在普通教育基础上的本科层次的应用型专业性教育。这类教育突出强调专门性、针对性、实践性和行业性，其定"向"在行业，定"性"在专业，定"型"在应用，定"位"在教学，定"格"在实践。具体体现为如下五方面：

1. 高校教育是以行业性为主导的教育

行业指向性是高校服务面向的主要特征，也是高校办出特色的根本途径。高校大多具有行业办学的传承优势，隶属地方管理后，其办学的空间区位性或地方适应性得以强化，而办学的行业指向性或产业对接链却逐渐弱化，致使没有行业纵向性支撑的区位横向性服务，因为缺乏支撑点而变得十分空泛盲目，人才培养与科技服务均找不到合理的专业结合点，往往背离专业性应用教育而与传统的学科性本科教育趋同。因此，遵循高等教育的外部关系规律，高校不仅要立足地方，更要着眼行业，应在更合理的区位行业性背景内，强调专业布局、适应行业特征、人才培养适应行业需求、科技服务适应行业功能，建立行业指向性明显的需求驱动型的发展模式，形成与本地区的产业、科技和社会文化协调发展的机制，拓展特色办学的广阔发展空间，增强对地方经济社会发展的辐射力和贡献率，因地制宜地实现高校教育与区位经济社会的协调发展。尤其是不同地区的高校，应当从自身所处的区位差异、地域特色和行业发展的特定结构、特定背景出发，对办学目标体系中的各项指标，科学地、恰当地、实事求是地定位，而不能脱离本地区的行业发展实际，不顾学校自身的综合实力，盲目追求高层次、高水平、高指标。

世界各国高等教育的办学实践表明，高校只有融入行业要素和标准，切实加大行业参与的强度和深度，其发展才会有生命力。在法国，"大学校"与行业日趋密切的联系在改革中发挥了至关重要的作用。学校在开设专业课、实验课和实习课的基础上，通过毕业设计和生产实习的学程模式延伸专业教育链，加强与行业和企业界的渗透与融合，形成独特的专业教育特色。与此同时，法国"工程师职称委员会"每年公布一次授权颁发工程师文凭的学校名单，目前已有170多所"大学校"被授权颁发科技类工程师文凭，学生毕业时，不仅能获得毕业证书，还能获得行业权威机构的专业资格证书；毕业证书与资格证书两证挂钩，加强专业教育的行业性，是法国"大学校"在办学过程中，注重与行业和企业界密切联系并赢得办学成功的最好写照，也是"大学校"毕业生比较抢手的重要秘诀。德国的高等专业学院大多设在中小城市及偏远地区，其专业课程设置也与当地的人文、地理、行业结构密切联系。如在大众汽车集团公司总部所在地沃尔夫斯堡（Wolfsburg）开设汽车高等专业学院，在河海港口城市开办航运、船舶制造高等专业学院。这些专业学院十分注重与行业企业的合作，由行业企业主导整个实践教学过程，行业企业始终参与整个人才培养过程。这不仅加深了专业性人才培养的行业与地方背景，加强了高校与社会相关行业企业的对接，从地方经济和社会发展的规划布局上看，也有利于本地区产业结构和人力资源结构的优化，增强行业性就业能力，提高国民人均收入，从而进一步拓展学校发展空间。

可见，高校教育主要面向地方，为行业培养人才，只有充分适应地方行业经济增长方式转变和产业结构调整优化的需要，紧密结合地方社会经济发展特性和行业需求来确定应用型专业教育方向，才能使培养的人才与地方社会经济发展相适应，并切实担负起对地方优势行业和支柱产业的重要支撑作用，实现高等教育与地方社会经济的协调发展。

2. 高校教育是以专业性为主线的教育

如前所述，专业是基于学科分类和社会职业分工的、高等学校培养各类高级专门人才的基本单位，专业性教育代表了应用型教育的根本属性和本质特点。高校教育本质上应是建立在普通教育基础上的本科层次的专业性应用教育，从而显示其异于学科型专业教育或职业型专业教育的"最本质规定"。比较而言，职业型专业教育属于定向于职业岗位并更加体现职业针对性的5B层面的职业技术教育类型，强调专业定向与职业方向的密切联系，注重贴近社会生产实际和职业分工，侧重以与工作流程相适应的职业能力为主线，突出专业设置的职业属性，更加突出职业岗位的接口性和就业的针对性，主要培养处于生产一线或社会劳动终端的技术型和技能型人才。学科型专业教育属于定向于科学研究或工程研究领域并更加体现学术倾向性的5A1类型的学术型高等教育，强调专业定向与学科研究方向的密切联系，侧重以与基础研究相适应的学术能力为主线，注重专业设置的学科性属性，更加突出理论知识的基础性、广博性、普适性和非职业性，主要培养将客观规律转化为科学原理、致力于科学研究的学术研究型人才，或将科学原理转化为工程原理、致力于规划设计的工程研究型人才。应用型专业教育与侧重学科教育的普通大学教育同型异质，属于定向于工程应用或技术应用领域并更加体现行业适应性的 5A2 类型的应用型高等教育，强调专业定向与行业走向的密切联系，侧重以与工程技术等应用领域相适应的专业能力为主线，注重专业设置的行业属性，更加突出专业教育的专门性、针对性、实践性和行业性，主要培养将工程原理应用于社会实践、侧重工程管理和应用的工程应用型人才，或将技术原理应用于生产实践、侧重技术开发与现场管理的技术应用型人才，人才培养的特点主要是指向职业带中的 CF 区域，即技术员与工程师的交叉区域，旨在适应高科技应用和智能化控制与管理一线工作要求，培养兼具专业性和通识性的本科层次的技术工程师、技术师、经济师、医师等专业应用型高级复合人才。

  高校的专业教育是同时基于学科背景和通识教育的专业性教育。其专业内涵与专业结构既强调较强的专业应用型，又具备适度宽厚的学科基础；既有突出行业背景的应用型专业作为坚实平台，又有一定学科背景的宽口径专业或体现应用特征的主干学科和相关学科作为有力支撑。如机械工程及自动化专业的人才培养，应有力学、机械工程等主干学科的基础性支撑，也应有电子科学与技术、计算机科学与技术、经济学、管理学等多种相关学科的平台性支持。应用型专业教育培养的人才同样是"具有创新精神与实践能力的高级专门人才"（《高等教育法》第 5 条），具备运用宽厚扎实的学科基础理论解决实际问题的较强能力。因此，高校的专业教育一方面必须注重专业结构优化，对基础学科专业应当在保护的前提下进行应用型方向的改造，对产业技术含量高的通用性专业应加强宽口径整合和专业群建设，对培养新型复合型专业性应用人才的交叉型专业应优先发展，对能为地方经济发展特别是地方产业升级和支柱产业发展提供重要人才支撑、技术支撑的应用型专业应重点加强建设，倾力打造成优势专业和特色专业；另一方面，高校的专业教育必须按照教育部规定的"培养基础扎实、知识面宽、能力强、素质高的高级专门人才"的总体要求，构建独具特色的专业应用型人才培养方案，着力促进专业应用型人才培养模式的整体改革。

3. 地方本科院校是高校教育的主体

在高等教育多样化和大众化的背景下，出于地方本科院校在高等教育体系中异质化发展的思考，"高校""工程型本科"或"技术型本科"等类型概念应运而生。事实上，关于地方本科院校的类型归属问题一直存在一些争议，争议的焦点在于：其一，依据人才类型二分法划分，将本科教育简单地分为学术型教育和应用型教育并不科学，高等教育体系应由科学教育、工程教育和技术教育三种教育类型组成，分别以科学型、工程型和技术型人才培养为主要目标；其二，人才类型与教育类型并不存在直接的对应关系，培养本科层次的应用型人才是所有高等教育类型的主要目标但不是唯一目标，应用型人才的培养目标可以通过多种教育类型、多种途径来完成和实现。我们认为，单纯将地方本科院校定位为"高校"，尽管类型上能够体现与学术型本科的错位发展，但外延的确过宽，难以定性类型结构和教育属性，并明显区分相关教育类型。但定位为"工程型本科"或"技术型本科"，外延又显得比较狭窄，可能适合某一本科院校的校情，却难以涵盖地方本科院校多元教育类型，而且极易模糊学术型教育与应用型教育的内在属性与价值指向。这里，尤其要对教育的"应用型"与"技术型"进行严格的逻辑区分。应当看到，"应用型"是所有高等教育类型都存在的基本属性，但却不能简单地认为具有"应用型"的教育就属于"技术型"教育。教育类型划分主要是依据人才类型的内在属性与价值指向，如果学术型教育的主要指向应用型人才的培养，或应用型教育主要指向学术型人才的培养，其性质和类型就将发生质的改变。尽管目前各类人才类型的边界日趋模糊，人才之间的重叠交叉日益拓宽，各类高校实施单一教育类型和人才培养类型的情形比较少见，但这种类型的重叠交叉应是基于非本质扩展特征的，本质上并不能颠覆或覆盖不同教育类型和人才类型的主导地位与核心价值属性。

基于上述分析，我们倾向于二维界定法，即从高等教育的性质与类型这二维来界定地方本科院校所属的教育类型。首先,专业性代表了高等教育的根本属性,而高等教育既可以是侧重学科性的专业性教育,也可以是侧重应用型的专业性教育,两者存在着职能属性与培养方向事实上的差异,学科性的专业性教育以研究高深学问、培养高层次研究型人才为标志,应用型的专业性教育以满足多样化社会需求、培养高素质应用型人才为标志;地方本科教育主要定位于应用型的专业教育,这种教育与侧重学科性研究的普通大学教育同型异质。其次,依据"学科性"或"应用型"的主导性价值取向,高等教育类型通常分为学术型与应用型两大类,学术型教育作为上位概念,涵盖学术研究型、工程研究型和技术研究型教育,应用型教育作为上位概念,相应涵盖学术应用型、工程应用型和技术应用型教育,其间主要存在类型指向和性质差异。按照国际教育分类标准,学术型或研究型高等教育(含工程科学教育)类属 5A1 型学科性研究型的高等教育,工程应用型和技术应用型高等教育则类属 5A2 型专业性应用型的高等教育;高校教育主要类属介于学科性研究型教育(5A1)和职业性技术型教育(5B)之间,涵盖工程应用型和技术应用型教育,以本科层次为主的第二类型的专业性应用型教育(5A2)。因此,其教育类型定位应以专业性为特征,以应用型为主体。

4. 高校教育是以教学型为主流的教育

参照美国卡内基教育促进基金会的大学分类,我国本科院校的流层结构一般可分为研究型、研究教学型、教学研究型和教学型四个层级,前两级以研究生教育为主体,或本科生与研究生教育并重,侧重基础研究和科技创新;后两级以本科生教育为主体,辅以研究生教育,侧重应用研究和科技服务。高等教育流层结构反映着高等教育的发展水平和多样化发展的必然走势,它在很大程度上是由国民经济的技术结构、产业结构与社会结构所决定的。尽管学术型大学和应用型大学都可以基于所属类型,实现由教学型向研究型大学的层次攀升和跨越,但这种攀升和跨越必须遵循高等教育发展的内部与外部规律,必须基于教育资源的传承优势和核心能力,基于自身学术资源的积累和社会人力资本的需求。在高等教育多样化和大众化的背景下,现阶段高校必须承担高等教育大众化的任务和培养

"数以千万计的"高素质专门人才的重要使命，承担培养专业应用型高级专门人才、服务区域经济社会发展的神圣职责，应安于"应用型为主"的类型定位和"教学型为主"的层级定位，着眼价值理性和特色创建的战略层面，以培养社会急需的专业应用型高级专门人才作为办学核心价值和终极追求，探索大众化高等教育的新范式，形成关键性的持续竞争优势，以真正超越学科型教育的专业高校教育模式，引领学校把握流向，错位发展，办出水平，彰显特色。

教学型为主的本科院校，其首要特点在于确立教学中心地位，以专业性人才培养模式体现应用型教育的鲜明特色。人才培养模式集中体现了教育思想和教育理念，从根本上规定了人才培养的特性和方向，是培养目标、培养方案、培养途径、培养方式等要素的综合体现和规范样式。高校教育的人才培养模式，其培养目标与质量规格在达成本科教育所要求的学业标准的同时，应充分体现工程与技术应用型专业人才的特殊要求，侧重以与工程技术应用领域相适应的专业应用能力为主线，按照通识教育与专业教育相渗透、理论教学与专业实践相结合的原则，构建专业能力和素质拓展并举、以创新精神和实践能力培养为重点的理论教学体系、实践教学体系和素质拓展体系。其培养方案的制订，应处理好学科建设与专业建设、通识教育与专业教育、理论教学与实践教学、基础课程与专业方向的关系，更加注重应用型课程体系与教学内容的整体优化，使课程体系成为专业应用型人才培养的有机整体，从根本上改变传统学科导向型的课程模式，探索应用导向型的"学科基础平台—专业模块平台—素质拓展平台"一体化课程模式；培养途径也应有多样性的选择，分段培养、学程分流（如3+1、2+2模式）、实习实训、产学结合、弹性学制等培养方式与制度的改革，应贯穿人才培养全过程，以切实创建专业应用型人才培养模式的实践范式和大众化高等教育的特色范式。

教学型为主的本科院校，应同时重视学科建设和科研效能。大学是以学科为基础建构起来的学术组织，学科是承载教学、科研和社会服务的基础，是地方本科院校提升人才培养和科学研究水平、开发专业建设优质资源的重要基础，是学校增强核心竞争力、形成办学实力的显著标志。地方本科院校应以培养专业应用型人才为目标，以专业建设为基石，以学科建设为支撑，以队伍建设为关键，切实开展应用研究和科技服务，形成关键性的持续竞争优势。

5. 高校教育是以实践性为主导的教育

高校教育实现与学术型大学错位发展的关键，在于传承其重视和强化实践性教学的原有优势，创建高校教育独具特色的实践性教学体系。但有的学校"专升本"后却盲目照搬学科性教学体系，实践性教学功能反而弱化，实践性教学环节的组织缺乏连续性、系统性和衔接性，缺乏专门的实践性教学规划、管理和评价机制。实验课或依附于理论课程，或成为理论教学的辅助手段；实验内容以演示型和理论验证型为主，缺乏设计型、工艺型、综合型和创新型实验；实践教学设施及基地建设滞后，产学研合作教育机制不健全；实践性教学人员缺乏"双师型"素质的专兼职师资力量等。总之，现行的实践性教学水平和条件不足以满足高校教育专业性人才培养的要求，因此，必须对现行的实践性教学组织和管理模式进行改革与创新，必须建构具有专业高校教育特色的实践性教学体系。

实践性特征体现在专业高校教育的全过程，这是由这类教育的本质内涵和错位发展目标所规定的。高校教育要承担以培养创新精神和实践能力为重点的专业应用型高级专门人才的教育任务，其主要载体或途径在于加强实践性教学，构建与理论教学体系紧密联系的实践性教学体系。如前所述，专业高校教育视域中的人才培养体系包括理论教学、实践教学和素质拓展三大体系，尽管这三大体系的功能和实施重心不同，但强调实践性教学、培养"基础扎实、学以致用"的专业性人才是其共同元素和关键取向。

实践性教学是专业应用型人才培养工作不可偏废的重要组成部分。高校教育要想有效培养学生的实践能力，就必须加大实践性教学的比重，强化实验课教学、实习与实训教学、课程设计或社会实践、毕业设计或毕业论文等实践性教学环节，通过实践性教学的系统严格训练，加强与工作体系、工作过程的对接性，以提高人才的专业应用能力、开发设计能力、技术创新能力和综合职业素养，切实增强人才培养的专业应用型核心竞争力。实践性教学的重要途径是突出产学研合作教育。潘懋元先生认为，产学研合作的深层次意义在于，它不仅是高等教育的方针政策，而且是现代社会发展的普遍规律，是培养应用型人才、提高教育质量的重要途径。其中"学"主要是传承知识，"研"主要是创新知识，"产"主要是应用知识，三者本质上都是知识运行的活动形式，存在相互依存的关系和内在本质联系。产学研结合教育重在发挥实践性教学的主导性，实现应用型人才培养计划与行业企业的用人标准的融合对接，以合作教育为切入点，以人才培养为根本点，既有针对性地培养极具行业企业特征、极富实践能力的专业应用型人才，也更便捷地为企业提供科技服务，更充分地发挥校企各自的优势，实现校企资源共享和双赢目标。其基本特征为：在目标定位的适应性上，主要以培养学生的实践能力、专业能力和就业竞争力为重点；在功能定位的互补性上，主要整合学校和社会两种教育环境和资源优势，实现间接教育环境与直接生产环境的融合；在模式定位的延展性上，主要体现为产学合作、工学交替、定向培养等多种实践模式，并注重在地方政府的主导和支持下，与行业企业合作共建开放性、多功能的实践性教学基地和科技服务平台，在为行业企业提供科技服务和智力支持的过程中，培养应用型专门人才。

二、发展高校的战略意义

随着社会经济产业结构的调整，技术发展速度加快，并不断向综合化方向发展，这对学生学习能力的提高、学位层次的提升都提出了新的要求与挑战。而只注重操作能力和单一技术，忽视理论基础的高职高专与只注重理论知识，忽略动手操作能力培养的传统本科院校都无法满足科技发展的需要，因此，培养理论知识与实践技能兼备的复合型人才的高校必将成为大学的重要类型之一，成为高等教育系统的重要子系统，而且无论从理论视角还是从国内外高教发展实践来看，建设高校都具有重要的战略意义。

（一）高校是对学术性与职业性二元对立状态的终结

从办学层次（本科层次）和人才培养类型（注重应用型）两个维度来看，高校多指将自身办学类型定位于教学研究型，将人才培养目标定位于培养直接面向市场和生产第一线的高级工程应用型人才的服务应用型普通本科高等院校。高校概念的提出，是对原有学术性与职业性二元结构的突破，它打破了二元对立状态，确立了应用型的地位。可以说，从学理上讲，高等教育学术性与职业性的内涵并不截然对立，两者也并无优劣之分、崇高与低下之别。学术性是大学对纯学术、纯知识等目标追求的一种倾向，职业性是大学对知识的技术性或应用型等目标追求的一种倾向。但是，在我国，学术性与职业性已经成为对立的两极，而且两者的对立已经异化为学历层次高低的差异，职业性院校不允许办本科，仅仅局限在专科层次，而学术性院校则集中在本科和研究生层次，尤其侧重研究生教育。作为教育实践中的两种偏向，两者还存在诸多过渡或中间状态，在教育实践中，两者是可以有机结合的，如可以在同一所机构中实现完美的结合。关于大学的分类，联合国教科文组织在其《国际教育标准分类法（1997年）》中就把高等教育分为第一阶段（相当于专科、本科和硕士生教育）和第二阶段（相当于博士生阶段），而第一阶段又分为理论型（5A）和实用性、技术型（5B）两大类，其中5A相当于我国的大学本科教育，既包括为研究做准备的学科理论类（如历史、哲学、数学等）5A1，也包括以从事高技术要求为方向的专业理论类（工、农、医等）5A2，参考联合国教科文组织的分类，在国际上，特别是在经济发达国家和地区，高校教育早已存在。美国另有一种与工程教育（EE）相区别的工程技术教育（ETE），两者都有本科；德国的高等专科学校，培养的也是应用型人才，其水平相当于我国的本科教育；在新加坡以及我国的台湾地区，高校教育都已具有相当的规模。结合我国的现状，5A1类院校所对应的就是综合性研究型大学，5A2类院校所对应的是多科性或单科性专业大学或学院，5B相当于我国的高职高专教育，介于研究型大学（5A1）和职业型院校（5B）之间的5A2类院校就是高校。

综合上述分析，无论是从学理上，还是从我国目前的院校类型和办学层次来看，我们认为，高校就是打破高等教育系统学术性（研究型大学）与职业性（高职高专）传统两极力量的中间状态。具体从学理上讲，高校也调和了学术性与职业性的对立状态，实现了理论与实践、学术性与职业性的完美结合，从实践层面来看，高校调整了高等教育的类型结构，明晰了院校定位，促使高等教育结构向科学化、合理化方向发展。

（二）高校是对"重文法、轻理工"高教模式的调整与纠偏

历史地看，我国大学教育的应用型一直存在着，从20世纪之初经学的衰落，法政、工商、医、农等学科的流行，到民国时期高等教育通向农村的一系列试验，再到延安时期教育与实际的统一，这些都表明我国大学教育的应用型，教育与生产劳动和生产实践结合得十分紧密。中华人民共和国成立后，我国高等学校文科类、理科类专业的培养目标几经变化，都逐渐向应用型过渡。如文科类专业的培养目标，就经历了从主要培养"干部"到主要培养"专家"，再发展到主要培养"实际工作者"这样一个变化过程。而工科类专业，工科类院校（高等工业学校）一直比较重视应用型人才的培养，综合人才培养目标、类型来看，工科类院校（高等工业学校）就属于高校，而且从20世纪50年代到80年代，工科类院校几乎是我国高校的主体。以当时新型的多科性工业大学——清华大学为例，1954年高教部发布的《关于清华大学工作的决定》就明确规定清华的其中一个任务就是培养具有较高水平的设计、施工和管理的工程师。在数量方面，20世纪50年代初，在全面学习苏联的大背景下，我国进行了院系调整，并按照生产部门的业务成立了大批单科性院校，如工科类、农林类等院校。由于当时我国采取的是以重工业为中心的工业化发展道路，因此国家还重点发展了一些工科类院校。1953年，全国181所院校中有38所工业院校，是单科类院校中最多的一类，而综合大学只有14所。工科类院校不仅数量众多，培养目标明确，其地位也非常重要。从1954年第一批全国重点院校确立之日起，直至20世纪70年代末，应用型较强的工科类院校一直在重点高等院校中占有较大的比重，从人才培养层次来看，通过查找相关文献资料，我们发现，这些工科类院校所培养的学生多集中在本科层次，但也有少量的研究生层次和专科层次。作为一种院校类型，工科类院校是对旧中国"重文法、轻理工"高教模式的一次重大调整，奠定了其在高等教育体系

中的地位，并培养了大量的应用型人才，为我国的经济社会建设做出了巨大贡献。只是随着大学朝综合化方向发展，工科类院校也逐渐成为综合性大学，尽管其工科仍颇具实力，但规模的急剧扩张还是不同程度地掩盖或削弱了其工科优势。

高等教育大众化以来，"高校"的提法和称谓开始走进社会公众的视野。这是有着深刻的历史背景的：

（1）伴随着高等教育宏观管理体制的改革，原本隶属中央部委的部分工科院校被下放到地方，变为地方管理，并利用其优势学科和特色学科服务地方。部分工科类院校要么被合并，要么新设大量文、法、商等专业，逐渐朝着综合性、研究型大学方向发展，"重理论、轻实践"的倾向突出，失去了高校理应具有的"应用型"，大学毕业生结构性失业矛盾加剧。

（2）多由高职高专或高等师范学校升格而来的地方新建本科院校逐渐失去其专科时的特色，专业设置求大求全，朝综合化方向发展。

（3）高职高专院校虽然比较重视人才培养的应用型，但因层次较低，学生理论素养不高。

因此，无论是人才培养类型，还是层次，上述三类地方院校都不能很好地满足社会，尤其是区域经济建设和社会发展对高层次应用型人才的需求，同时因培养的人才缺乏与社会的良好互动，而制约了学校自身的健康发展。与上述院校形成鲜明对比的是，20世纪80年代，一些重点大学的分校，如由北京大学第一分校和中国人民大学二分校合并成的北京联合大学应用文理学院等就提出了"发展应用型教育，培养应用型人才，建设应用型大学"的办学宗旨，实现了专业由基础研究型向应用复合型的重大转变，走出了一条符合高等教育发展规律、适应社会需要、具有自身特色的办学道路，赢得了良好的社会声誉，对地方院校的发展起了引领和表率作用。

我国区域和地方产业结构非均衡化发展战略的实施，以及高等教育管理体制改革的深入，为高校的发展提供了重要的契机。特别是在高等教育大众化的时代，为了适应我国区域经济发展需要，再加上一些高校的表率作用，地方新建本科院校开始主动或被动转型,采取与精英教育"错位"发展的战略——大力发展高校教育,以赢得更大的生存发展空间,并收到良好的社会效果。即从人才培养类型和层次来看,作为高级应用型人才培养的主要承担者,高校成了区域经济发展的主要推动力量;从毕业生就业情况来看,还大大缓解了人才的结构性失业等矛盾。目前我国的高校队伍也越来越庞大,随着我国高等教育大众化进程的加快,尤其是1999年实行高校大扩招以来,为满足日益多样化的社会需求,1999—2008年,教育部先后批准建立了208所普通本科院校,使我国本科院校达到720所,其中新建本科院校占到本科院校总数的28.89%,而且基本上是从单一的高职高专"专升本"或几所院校合并而来,具有行业办学特色;有的是经过合并,从高等专科学校升格而来,多为多科性院校;有的则是高起点的本科层次的大学分校。其中一些高校还是原来的全国示范性高等工程专科学校,有其突出的办学特色和明显优势。

(三)高校建设是与国际接轨、提高国际竞争力的战略需要

从世界高等教育的实践与发展来看,建设高校也是我国本科教育与国际接轨,提高我国高等教育竞争力的战略需要。20世纪90年代以来,世界高职领域出现了一些共同趋势,其中最引人注目的变化之一就是一些发达国家和地区的高职院校纷纷升格为科技大学或应用科技大学等,但高职升格后的发展道路却不尽相同。职业教育发展比较成功的德国、芬兰仍然继承高职教育的特色,走高校之路。如21世纪伊始,德国出现部分高等专科学校升格为科技大学的现象,目前共有7所高等专科学校升格,英文名为 University of Applied Science,这类院校除培养硕士外,还可以培养博士,并授予学位。多科性应用技术大学旨在为学生就业提供技术培训,为学生从学习到工作的过渡铺平道路。相对于普通大学,应用技术类大学的学位具有显著的职业特色。其专业的设置非常适应工商企业发展的需求。以芬兰纳特应用技术大学为例,其75%的本科生毕业论文是针对某公司或组织的需要而量身定做的。

相反,英国的教训则令人深思。1993年,英国35所多科性技术学院全部升

格为科技大学，但是，大学的性质却发生了变化，逐渐向普通大学、综合性学术性大学靠拢。它所体现出来的不是双轨制的沟通、协调，而是双轨制的土崩瓦解、应用型地位的丧失、学术性主宰地位的失而复得。由于大学都涌向学术性这一独木桥，千校一面的现象在所难免。这对我国目前高校发展的严重趋同化具有重要的启示与借鉴意义。通过世界高等教育实践的正反对比，我们发现，在高校的发展过程中，办学层次已经不再是其发展瓶颈，升格是专科院校的必然与应然趋势，高校也可以逐渐举办硕士、博士研究生层次的学历教育，关键是如何集中有限的资源，保持与锻炼自己优势和特色——应用型，应用型才是高校的根基与可持续发展的源泉。

（四）建设高校是我国高等教育发展实践的现实抉择

既然高校历史上早已存在，现在重提高校就不仅是对我国高等教育发展现状的一种反思，是对当前高等教育机构趋同现象的纠偏与理性做法的回归，而且从实践层面来看，高校不仅为新建本科，尤其是高职高专升格后的发展指明了道路与方向，而且对推进高等教育大众化，服务地方经济发展，进而把我国建设成高等教育强国都具有重大的现实意义。

1. 建设高校可为定位模糊的新建本科院校发展指明方向

如前所述，目前新建本科院校占全国院校总数的比例较高，与老本科院校相比，在办学实力上存在较大差距，为迎接升格评估，目前新建本科院校在规模和学科门类上也都比以前更大更全。那么，这一院校群体的发展定位是什么？是摒弃高职高专的老路子，另起炉灶，朝学术性、综合化发展，还是延续高职高专的应用型、职业性，建设成高校，这是新建本科院校持续发展亟须解决的问题。通过对高教发展历史的回顾与追踪，我们发现，国际高等教育发展的经验与教训、我国教育发展的历史及当前面临的挑战，以及当前我国社会经济发展对教育的要求与期待，对我们具有重要的启示意义。即新建本科院校，尤其是从高职高专升格而来的本科院校，其发展必须注重内涵建设，不断凝练学科和专业特色，朝高校发展，只有这样，才能在打破原有高教系统的同时，采取错位发展战略，形成互补优势，并为自己赢得一定的生存与发展空间。

2. 建设高校是加快我国高等教育大众化进程的需要

根据我国高等教育机构的行政隶属关系，我国的大学可以分为中央属普通院校、地方普通本科院校与高职高专，可以说地方本科院校是我国高等教育机构构成的中间层次，是我国本科教育的主体。而地方本科院校又是我国高校的主体。通过对《中国教育年鉴》提供的数据进行统计，我们发现，2001年以来，地方本科院校（包括民办本科院校）占全国本科院校总数的比例一直在85%左右，而就高校在校生数来看，若把高职高专也计算在内的话，地方性院校在校生数所占比例则高达98%左右。其中值得一提的是民办本科院校，随着民办院校的发展，其发展规模也在壮大，根据2022年教育部最新公布的全国高等院校名单，全国412所民办本科院校中，包含226所民办普通本科大学、22所民办职业本科大学和164所尚未完成转设的独立学院。据报道，地方本科高校是高等教育从精英教育向大众教育过渡时期改革的主战场，为国家培养了75%左右的本科生。尤其是随着我国高等院校多层次、多类型的分类指导体系和建设与评价体系的建立，传统的"学术型"本科教育的单一发展模式也会遇阻。目前，"211"工程的第三期已经启动，按照工程战略最初的构想，即重点建设"适应所在地区发展需要和主要面向所在行业，并起到骨干和示范作用"的100所院校，其所提出的面向地方和面向行业等发展方向，意味着部分"211"工程院校将转型为地方性本科院校，也就是说，相当数量的"学术型"本科教育将转变为"应用型"本科教育。只是部分大学办学历史相对悠久，科研基础相对雄厚，向应用型大学转变的过程相对比较漫长。但准确来讲，大多数院校仍然会办成高校。因此，如果把提出要"根据市场需求来培养人才"的部分"211工程"院校计算在内的话，那么，广义上的高校数会更多，承担大众化的任务也更多。

3. 高校是地方社会经济发展的助推器与中坚力量

根据管理体制上的行政隶属关系，地方院校又分为教育部门的院校和非教育部门的院校。地方化是近些年来高等教育发展的主要特征和趋势之一。归属地方的管理体制也决定了地方政府是地方高校，包括高校的主要投资者和管理者。因此，为了获得地方政府和社会更多的支持，高校的人才培养、科学研究和社会服务大都围绕着地方经济社会的发展而展开。在具体办学实践过程中，由于高校的科研实力相对较弱，得到的国家科研财政补助也较少，所以在招生、人才培养上就比较需要下功夫。从大学招生方面来看，根据高校的办学定位——立足地方、服务地方，其在本省、市招收的学生所占比例都在80%以上，有的甚至高达100%；在专业设置方面，高校紧密结合地方社会经济发展，包括地区经济产业结构调整和产业结构升级等对学校的支持和需求，通过一些横向研究课题加强与社会之间的联系，培养区域经济发展所需要的人才；从学生的就业方面来看，受生源所在地和学生所学专业的双重限制，除了一些热门专业外，毕业生基本上是在本地区就业。高素质的人才直接促进了地方经济发展，而这也是由高校的人才培养类型和层次决定的。具体来讲，高校既强调综合性研究型大学所注重的研究，重视基本知识和基本技能的掌握和学习，又强调高职高专等专科层次所注重的较强的动手能力，重视技术的应用与实施，两个层次和类型的结合、理论和实践的高度统一，使得高校所培养的高级应用型人才直接面向地方社会经济发展和产业发展结构，面向工业、工程领域的生产、建设、管理、服务等的第一线，直接从事解决实际技术问题的工作。这直接促进了地方经济社会的发展和地方产业结构的升级优化。

大学与社会之间关系的建构并不是单方面的，高校与地方社会包括政府之间已经形成了良好的互动。从实践效果来看，长期以来，高校已经与地方企业、支柱产业行业建立了良好的合作关系，成为地方社会经济发展中的高新技术产业"孵化站"和传统技术改造服务站，成为地方经济发展和社会变革的主导力量。而学校自身也依托行业和企业建成了一批基础雄厚的优势学科和专业，其中一些特色学科、专业甚至达到了国内领先水平，具有很大的优势。同时，这种与研究型大学和高职高专在人才培养类型或层次上的错位发展战略，不仅为其自身的发展拓宽了经费来源渠道,也在很大程度上解决了目前大学毕业生普遍存在的结构性失业或就业难等问题,为高校的发展赢得了更广阔的发展空间。可以说,地方的行业和产业特色已经成为地方本科院校生存发展的土壤,其应用型也成了地方本科院校持续发展的动力和源泉。

4. 建设高校是推进我国高等教育强国建设的必然选择

高等教育强国建设更多的是教育制度、教育体系的健全与完善,只有完善的教育系统才具有较强的适应性和包容力,才能使高等教育的功能得以充分释放与发挥。这就对我国各个层次、各种类型的教育提出了内在的规定。一个国家若想成为真正的高等教育强国,就必须形成类型和层次多样、特色和优势互补的高等教育系统。如前所述,无论从理论层面还是国际比较的视角来看,高校都是我国高等教育系统的重要组成部分。具体从人才培养层次来看,高校与高职、综合性研究型大学衔接有序;从专业设置与人才培养类型来看,应用型人才与高职高专培养的技术操作性人才以及研究型大学培养的理论或应用研究型人才错落有致,互为补充。其在独具特色的同时与高职高专、研究型大学优势互补,衔接有序,能够为我国高等教育强国的建设做好结构与功能上的准备。

第二章 高校教育教学理论研究

第一节 高校的由来与发展

我国高校大致经历了探索孕育、确立地位、快速发展和内涵建设四个阶段。

一、改革开放为高校教育的发展带来机遇

1978年,中国迎来了改革开放,高等教育的发展也翻开了新的篇章。中断的高考重新恢复,无数学子搏击高考,期望实现读大学的梦想。但由于招生名额很少,能够幸运成为"天之骄子"的只是极少数。一时间,社会上各种高考补习班纷纷兴起,由此产生了一种以"高考补习"和"自学考试辅导"为主要形式的民办社会大学,这一类学校的典型代表有湖南中山进修大学和黄河科技大学。改革开放后国家中心任务转移到经济建设上,各种专业人才非常短缺,公办高等教育远远不能满足这一需求,于是产生了另一种以职业培训为主要目的的民办社会大学,它们的典型代表有北京中华社会大学、西安翻译学院、太原中医业余大学。早期的这些民办社会大学条件非常简陋,在既无校舍场地又无教师队伍的情况下,依靠租借校舍教室、聘请公办学校退休教师或代课教师白手起家,逐步积累了办学资源。它们在民间办学的组织形式、办学模式以及管理机制等方面做了许多有益的探索,为高校教育的发展积累了宝贵的经验,孕育了高校的雏形。这一时期的高校教育主要是在非正规的培训领域发展,仅仅是作为公办高校的补充,起到拾遗补阙的作用。尽管1982年重新修订颁布的《宪法》第19条规定:"国

家鼓励集体经济组织、国家企业事业组织和其他社会力量依照法律规定举办各种教育事业。"但民办的社会大学尚未被纳入正规的高等教育体系，不能参加统一高考招生，也不能颁发正规学历文凭。

二、合法地位确立阶段

1992年，社会主义市场经济的确立，为民营经济的发展提供了契机。随后，《高校学校设置暂行规定》《中国教育改革和发展纲要》和《中华人民共和国教育法》等一系列政策和法规的出台保障了高校的合法性地位。这期间，一批办学质量高的民办社会大学被允许招收高考生，正式成为民办普通高校。但此时高校的规模很小，在校生数量也很少。

三、高等教育大众化促进高校快速发展

高等教育大众化给高校的发展带来了机遇，其对高校的影响主要有两方面：一是扩招给高校带来了充足的生源；二是伴随高等教育大众化进程，完全依靠国家财政举办高等教育比较困难，需要更多的社会力量办学。此时，高校抓住了机遇，学校数量迅速增加，办学规模不断扩大。2003年颁布实施的《中华人民共和国民办教育促进法》对高校的发展也起到了大力推动作用。高校不仅在数量和规模上获得了快速发展，办学层次也有了突破。截至2023年，民办高校757所(其中独立学院257所，成人学院1所)，比上年增加7所。普通高校招生219.69万人，比上年增加35.75万人，增长19.43%；在校生708.83万人，比上年增加59.23万人，增长9.12%。在校研究生876人，在校生1865人。

四、竞争和生存压力促使高校转变发展模式

高校乘扩招东风，实现了超常规跨越式发展，但是由于当时一些学校办学时间不长，而在校生已超万人，如此快速的扩张，一方面给学校的管理带来很大的难度；另一方面，由于学校投入增长跟不上规模发展，许多高校办学条件不足，

生均师资、仪器设备、实习场地、教室、宿舍等问题逐渐显露出来，不能满足办学需要。这些都严重影响了高校的声誉和健康可持续发展。而且伴随着扩招，我国高校数量急剧增加，围绕生源大战，高校面临的竞争也越来越激烈，竞争的结果必然是优胜劣汰。一些办学时间短、教育教学质量不高、缺乏核心竞争力的高校面临着严峻的生存压力。在此情势下，教育部于2006年11月下发了《关于全面提高高等职业教育教学质量的若干意见》，国务院办公厅也于2006年12月下发了《关于加强高校规范管理引导高校教育健康发展的通知》，引导高校转变发展模式，加强内涵建设。2006年之后，我国高校扩招速度已经大幅放缓，高校过去那种一味追求规模扩张的发展模式已经难以为继。加强内涵建设，形成自身特色是高校现在也是未来一段时期的主要任务。

为规范高校的办学行为，维护高校举办者和学校、教师、学生的合法权益，引导高校健康发展，根据《民办教育促进法》及其实施条例和国家有关规定，教育部制定了《民办高等学校办学管理若干规定》（简称《规定》），该《规定》于2007年1月16日经部长办公会议讨论通过，自2007年2月10日起施行，并于2015年11月10日根据教育部令第38号《教育部关于废止和修改部分规章的决定》进行了修正。《规定》提出："高校应当加强教师的培养和培训，提高教师队伍整体素质，高校应当按照国家有关规定建立学生管理队伍。按不低于1∶200的师生比配备辅导员，每个班级配备1名班主任，建立对高校的督导制度。"由此，我国高校办学慢慢步入正轨。

五、高校多元化的分类

自从我国放开社会力量办学以来，非政府组织和公民个人举办的各种形式的学校竞相出现，呈现百花齐放的局面。比如私人个体办学，多人合伙办学，企事业单位办学，协会、研究会和基金会等团体办学，民办公助、国有民办、一校两制、股份制办学，等等。1996年，全国民办普通高校只有21所，在校生1.4万人；到2004年4月，全国高校的数量达到194所，在校生有81万人，其中经教育部批准具有高等教育学历文凭颁发资格的高校有 122 所，它们是所有高校中的佼佼者。这里必须要提到的是，普通高校举办的独立学院从 20 世纪末开始兴起，到 2003 年已经发展到 300 余所，目前部分独立学院已经转设为民办本科院校。独立学院已经成为民办本科层次院校的生力军，不仅抢夺了层次较低的传统高校的生源，同时也为公办专科院校带来严重的挤压。到 2016 年，全国高校的数量达到 742 所，在校生达 616.2 万人。这些高校每年向社会输送大批的人才，由于学校层次的问题，这些人才大部分都流向了企业单位。

需要强调说明的是，狭义上的高校教育概念即指围绕高校而来的，高校教育运作的主体是高校。所以，在此主要对高校的含义进行分析。当前，学界对高校有着多元化的分类方式。

（一）按经费的来源分类

根据这种界定方法，凡是由国有资金所办的高等学校都称为公办高校，非国家出资办学的高校则为高校。但是如果按照这种方式来界定的话，则限制了高校的筹资渠道，并且与国际惯例不符，因为国外许多私立大学同时也接受政府提供的经费资助。近几年，我国也加大了对高校的经费支持力度，包括奖学金、助学金、专项建设经费等。

（二）按产权分类

以资产所有权归属作为标准，即产权属于政府的高校是公办高校，而产权属于某个体、企业、社会团体的则为高校。但是这种分类方法也有弊端，对于将来政府和社会共同资助的高校则难以准确地界定其产权归属。

（三）按办学主体和经费来源分类

办学主体为非政府的个人、企业或社团组织，办学经费主要由学校自筹的高等学校，通称为高校。由于引入社会力量参与办学的初衷在于可以多渠道筹集教育经费，提高竞争机制，从而来完善和补充现有的公办高校系统。学校产权归属也是制约或促进竞争十分重要的因素。因此，应当以高校的产权归属、办学主体与主要办学经费来源三个指标来界定高校，即凡是用非财政性教育经费为主要办学经费来源、产权非各级政府所有、办学主体为非政府组织的高校就应当称之为高校。

高校具体可分为非营利性和营利性两种。非营利性民办学校纯粹公益性办学，不以营利为目的，学校办学结余进行分配，只能用于学校的再发展；营利性高校是指按照企业运行模式建立，学院的办学结余，在提取一定比例的再发展基金后可以给予投资者、办学者和经营者适当回报的高校。非营利性和营利性高校，各有利弊。2017年9月1日后，新修订的《民办教育促进法》正式实施，高校面临出路的选择。但是无论高校的举办者选择哪种类型，高校都属于公益性事业，是我国高等教育的重要补充，都为国家培养人才。不同的选择带来的只是分类管理后，国家不同政策的支持。

第二节　高校的类型

一、高校的类型

根据办学主体和办学经费来源划分，民有、民办学校主要有以下几种：

（一）公民个人办学

这类高校是由出资人个人投资，出资者可以是一人，也可以是多人。学校聘请校长办学，自聘教师，自主办学，自主管理。如创办于1993年的上海东海学院，就是由多位热心于国家教育事业的老教师，每人出资5万元，并通过个人贷款和借款筹措办学资金，租赁校舍，然后由学费逐年滚动，归还欠款，由小到大，逐渐发展起来的。目前，我国大多数高校是以这种模式创办和发展起来的。

（二）社会团体办学

这类高校一部分是由社会团体或组织投入少量启动资金，利用其在社会上的影响来吸引社会捐资举办的；同时有的高校实际上就是由公民个人举办的，只是在政策尚不明朗的情况下，许多高校为了稳妥，而挂靠在一个社会团体、组织之名下的。例如：燕京华侨大学是1984年由北京市侨联举办的一所全日制高校；新侨学院是由上海海外联谊会主办，海外交流协会、归国华侨联合会以及中华职教社协办的一所全日制民办职业技术高等学校。

（三）捐资办学

这类高校是完全依靠捐款建立的。这类高校的捐款多数来自国内外热心教育事业的慈善人士。他们捐资捐物举办高校来实现造福桑梓，报效祖国的目的。例如，上海杉达学院，完全是依靠其学院董事长及董事会成员在香港地区的威望，获得私人企业、公民个人的捐款后发展起来的。再如，爱国华侨吴庆星先生在1987年通过仰恩基金会捐资，在国内创办了仰恩大学，建立后，仰恩大学具体办学日常管理工作由福建省政府负责。但由于捐资公办唯一能解决的是教育经费问题，为了突破传统的高等教育管理体制，经福建省政府同意和国家有关部门批准，1994年，仰恩大学改为纯高校。

（四）民营企业办学

这是由民营企业或企业家出资创办的高校。如2000年，经北京市政府批准，教育部备案，具有独立颁发高等教育学历文凭资格的综合性全日制的民办普通高校——北京吉利大学，就是由浙江省民营企业吉利集团出资创办的；上海建桥学院则是由民营企业家投资购买土地，建设校舍后发展起来的。

（五）教育集团办学

这类是以教育集团为出资单位创办的高校。如中锐教育集团是从事教育投资和开发的产业集团，该教育集团办学成立于1992年。中锐集团在享有"太湖第一胜景"美誉的鼋头渚风景区，创办了一所朝气蓬勃、特色鲜明的民办普通高校——无锡南洋职业技术学院。学院经教育部和江苏省人民政府批准，于1998年正式成立，采取产业化经营和企业化管理的方式来提高办学质量和效益。

二、高校教育的理想定位

高校目前还处在一个较低的发展水平，这是由多种因素造成的。一般来看，许多高校在创办之初，出于生存的目的，开设了一些与社会生活密切相关的专业，培养了不少社会各行业急需的实用型人才，这就形成了民办教育就是职业教育的总体印象，但是，实际情况并非如此。

我国高校的生源，主要以职业教育为主体，他们入学的动机是为了争取到和其他同龄人一样的接受高等教育的权利，从而实现自我价值，得到社会的认同和尊重。高校因此被人为地限定在高等教育助教、助考的层次上。

我国高校的办学者，其主体是公办高校的离退休教职员工和兼职教职员工，其教育思想、教育观念、教育方法等都带有浓重的公办高校的色彩。这就决定了他们往往自觉不自觉地把公办高校的模式，作为高校理想的发展目标。

由于上述因素，目前的高校尽管多数是以全日制教学为主，但是办学功能单一，办学层次也较为局限。如全日制大专职业教育，职业教育与自学考试辅导教育，学历文凭教育相混合的全日制综合本专科教育，学历文凭教育与研究生辅导教育相混合的综合大学教育，等等。实践证明，功能单一、层次局限、多重标准、水平参差的高校教育在目前的教育体制下，很难从数量型阶段转入质量效益型阶段。

从理论上分析，高校教育机构最有条件办成以全日制本科教育为主的综合高等教育，这是由其内在机制所决定的。高校教育是按照市场机制运作、以收取学费为前提条件的非义务教育，主要是为了满足特殊人群的特殊要求。它可以满足社会中公办学校所满足不了的特定阶层的教育需求。中国是一个以公有制经济为主体的国家，高校是在公办学校发展了50年后才起步的。高校目前主要是满足一些职业教育、大专教育及短期教育。所以，在政策的制定上，没有任何理由封杀高校向本科教育的过渡，如果适当放宽高校办本科的政策限制，允许那些专科和高职水平较高、基本条件具备的高校办本科教育，那么就会大大解放这些高校的生产力，促使其向更水平发展，为中国的教育事业做出更大贡献。

在高校教育发展的现实基础上，高校可以逐步定型为以下几种：

（一）职业教育型高校，分为专科和本科两个层次

这类学校功能单一，直接面对市场，人才培养目标明确，专业界限明晰，以应用性、技术性为特征。发展这类学校在总体布局上一定要控制数量，提高单个学校的规模水平，并且必须要让其他类型的高校逐步退出职业技术教育领域，以保证职业教育型高校的市场份额，稳定提高其办学的规模和质量。鉴于此类大学在设备投资方面数额较大，需要有雄厚的财力做基础，因此，这并不是以收取学费为主要财源的高校的强项，而主要应该由国家来主办，少数有实力的高校辅之。

（二）教学型高校，以全日制综合本科为主

其符合国家颁布的高校本科教育基本标准，以专业基础理论、基本技能教学为主，专业涉及文、经、法、工、农、医等传统专业领域。人才培养目标为双目标：既可以培养较高层次的具有专业技能的实践应用人才，也可以培养较高层次的专业学术研究人才。此类学校的发展目标应定位在具有广泛影响的拥有省级或区域级重点专业、重点学科、重点实验室的综合大学。这类学校应作为未来高校的主流，目前迫切需要进行重点扶持，重点投入。

（三）研究型高校

这是在完善本科教育基础上发展起来的高层次办学形式，以培养硕士、博士研究生为主要目标，适当结合规模适度的本科教育；以培养高层次学术理论研究人才进行学术理论研究和高科技开发研究为主。此类学校应定位在具有国内重大影响和一定国际影响力的，拥有国家级重点学科、专业、实验室的重点大学。

总而言之，笔者认为在国家法律、政策允许的框架内，高校应结合本校特色和优势进行科学定位，选择最理想的可持续发展战略，大胆创新、勇敢实践，办出特色鲜明的高校。

第三节　高校教育的特征

一、高校教育的具体特征

高校教育的办学类型多样，不同类型的高校之间有其共同的特点，也存在着一定的差异。通过研究发现，在这五种办学类型中，公民个人办学、社会团体办学和捐资办学可以划分成一类，我们称之为个体办学型；而民营企业和教育集团办学划分为另一类，我们称之为企业办学型。以下为两种办学类型高校的具体特征：

（一）个体办学型高校的特征

1. 投入少

举办高校教育需要大量的先期投入，如购买校园土地、建造校舍、购置教学仪器设备、聘请教师等，但受个人、社会团体经济实力与条件的限制，这类高校的先期投入都比较少，基本上都是以少量投入作为教学场所的租金和聘请教师的工资，逐步发展起来的。

2. 以学养学，滚动发展

因为没有雄厚的办学经费做支持，高校的收入只能靠学生学费来维持。并在学校的运转过程中，厉行节约，精打细算，把办学结余部分再投入到学校建设中，再经过长期的以学养学积累，持续的投入，逐年滚动发展起来。

3. 发展慢，效益差

由于这类高校多数是滚动发展起来的，发展速度一般较慢。绝大部分的办学结余都用于学院发展建设，经济效益也就难言丰厚。并且在 2017 年以前，我国法律明文规定，投资教育不能以营利为目的，更不允许有暴利。因而，靠学费收入结余后再投入办学的这类学校发展速度比较慢，教育投资效益较差。直至目前，仍有相当一部分高校办学条件十分简陋，校舍、教学用房和教师都非常紧张。

（二）企业办学型高校的特征

企业办学型高校因为有企业或集团的强大经济实力做后盾，以及有企业先进管理经验的引入，表现出与个体办学型高校较大的区别。

1. 起点高，投资大

民营企业和教育集团办学明显不同于个体办学。个人办学、社会团体办学等形式的办学，一般采取从低起点逐步提高的做法。而企业办学高校一般建设速度比较快，投资力度比较大，学校的资产都达数亿元之多，因此，校园教育环境优越，教学设施先进，学校占地面积、建筑面积和各项设施设备都能达到国家规定的办学标准。这就避免了许多高校办学初期因为经费不充足而出现的学校基础设施不齐全，教学质量难以保证的问题。

2. 经济与教育规律有机融合

企业家和教育家有不同的工作经历、专业技能与思维方式。教育教学活动不同于经济活动，它们有自身不同的运行规律。要办好教育产业，就需要将教育规律与经济规律有机融合。高校管理者与企业家投资者在一个平台上，教育家和企业家共同办学，给双方提供了一个都能施展才能的舞台，实现了两者的有机融合、协调发展。

3. 经营管理产业化，效益好

民营企业和教育集团办学在充分尊重教育规律的同时，借鉴和遵循产业运作的一些观念和做法，讲究质量、信誉、成本和效益，为高校的教育、教学提供全方位的服务，以推动其更好、更快地发展。

因为先期投资额度大，创办者收回投资成本的压力较大，加上学校硬件条件比较好，有的家长也愿意把子女送到这类学校。因此，这类高校在建校初期，收费标准往往比较高。

4. 品牌意识强

成功的教育集团与成功的企业集团一样，都非常重视品牌建设，强调科学化管理、规范化运作，往往采取统一校名、统一标准、统一管理的模式，在成功办学的基础上，输出集团的管理模式，以托管的方式对其他高校进行管理，以扩大其影响。

二、高校教育不同阶段的特征

在高校教育发展的过程中，不同时期表现出不同的形式与特征。

（一）独立性与依附性并存

高校体现出独立性和依附性并存的特征，特别是在国家试点开展学历文凭考试考点期间，表现得尤为明显。1993 年，是中国高等教育发展历程中一个重要的分水岭，在这一年国家颁布了《中国教育改革和发展纲要》，高校教育由此进入一个全新的发展阶段。高校的一部分组织形式发生了显著的改变，多数自学考试的助学机构逐渐成为学历文凭的考试试点学院，高校终于有了自己特有的颁发学历文凭的资格。虽然这种资格是一种半独立、半依附的资格，但极大地促进了高校教育的发展。到 2000 年，学历文凭考试学院就发展到了最高峰的 467 所，并长期保持在 400 多所，这种平衡一直持续到 2004 年国家停止了学历文凭考试的试点才被打破。近几年，高校教育有了突飞猛进的发展，少数专修院校从租赁教室、兼职教师的运行模式逐渐发展成为有了自己独立校舍和专职教师的高职院校。

（二）多样性与统一性转换

由于各类高校建校时举办者、举办方式和投资模式的不同，以及各个学校的办学经历不同，我国高校具有天然的多样性特征，这里就不再过多地论述了。

21 世纪初，高校教育组织的主要形式是民办高职院校和独立学院，其他的组织形式已经没有生存空间，逐步消亡。这些高校不论建校初期是何种状态，随着其向民办高职学院或独立学院的转型，规范性、合法性的要求促使这些高校的组织模式发生了变化。由于从 20 世纪 50 年代开始，中国的私立高等教育就已经完全消失，公办高校的运行标准和模式就是中国高等教育的标准和模式，可以说中国高等教育的标准模式是由公办高等学校树立的。这种标准的树立对高校起到了重大示范引领作用，促使或者规范高校向着公办高校的标准去发展。高校也在有意模仿公办高校的组织形式和行为模式。不论是民办高职院校还是独立学院，都在向公办高校的标准靠拢，高等教育的统一性被不断强化了。

第四节　高校教育的必要性

一、有利于满足人民日益增长的高等教育需求

我国是文明古国，礼仪之邦，有着重视教育的优良传统。改革开放以来，随着计划生育这一基本国策得到认真贯彻，独生子女比例越来越高，城市和发达地区尤为显著。广大家长望子成龙、望女成凤的心理更为突出，迫切希望子女能接受良好的教育。

大力发展高校教育，可以迅速扩大高校招生规模，为合格的高中毕业生提供更多的深造机会，既让他们得以实现接受高等教育的迫切愿望，学到一技之长，又推迟了他们的就业时间，减轻了社会的就业压力。高校的办学经费来源是多渠道的，创办者的原始投资、社会各界的资助和政府的适当补助（包括政策性的费用减免）是一部分，但就我国目前的情况而言，主要还是学费收入，其占总经费的绝大多数。随着我国社会经济的迅速发展，人民群众收入水平的逐步提高，相当一部分家庭愿意也有可能承担相对于公办高校而言比较昂贵的高校的学费。

二、有利于鼓励社会各方面力量集资办学

世界各国在发展高等教育的过程中，几乎所有高校都面临办学经费短缺的困难。因此，许多国家都大力发展高校教育，鼓励社会各方面力量集资办学，以增加教育投入，缓解教育经费短缺问题。我国过去受计划经济和苏联模式的长期影响，政府包揽高等教育，办学经费单纯依靠政府拨款，财政不堪重负，高等教育

发展受到严重制约。1985年起，我国开始改变了对高校学生学费全部包下来的做法，招收委托培养和自费生，并逐渐扩大比例。到1997年，全国高校所有学生均实行缴费上学。此外，还鼓励社会团体、企事业单位以及公民个人捐资助学。这些教育改革措施收到了明显的成效，但还远不能适应经济和社会高速发展对高等教育的要求。

我国的经济和社会发展水平决定了在相当长的历史时期内，高等教育必须以国家办学为主，政府投入仍然是高等教育经费来源的主渠道，但仅仅依靠政府投资办学是远远不够的。在社会主义市场经济条件下，国家没有必要也不可能有足够的财力支撑全部的高等教育。因此，必须进一步解放思想，转变观念，在集中有限的财力办好公办高等教育的同时，大力发展高校教育，积极鼓励和支持社会力量以多种形式办学，满足人民群众日益增长的高等教育需求，形成以政府办学为主体、公办高校和高校共同发展的格局。发展高校教育是加快发展我国高等教育事业的重要途径，它主要依靠民间财力，无须增加政府财政负担，可以大有作为。凡是符合国家有关法律法规的办学形式，都应允许大胆尝试。

三、有利于优化高等教育资源

我国是世界上最大的发展中国家，我国的高等教育事业与部分发达国家、中等发达国家乃至一些发展中国家都有一定的差距，实现教育现代化将是一个漫长的历史过程。

高校教育的调节机制就是市场机制，生源市场是调节高等教育特别是高校教育的一只看不见的手，综合反映了劳动力市场和人才市场等各方面市场的需求状况。高校尽管几乎没有政府一分钱的投入，但由于能主动地、及时地适应市场需求，多渠道聚集社会闲散资金，大量借用公办高校的校舍、设备和师资，使高等教育资源得到充分利用，自身也可获得很大的发展。市场机制还为整个高等教育系统增加了一个反应敏感的社会需求信息系统，不论是高校，还是公办高校，谁不能及时适应，谁迟早就会被无情的市场竞争所淘汰。因此，要实现高等教育资源的优化组合，合理配置，就必须坚持以市场调节为基础，同时辅之以必要的宏观调控。高校目前在这方面已先行一步，这对公办高校是一个很好的示范和促进。

四、有利于实现高等教育大众化

高等教育大众化是世界高等教育发展的必然趋势，也是实现我国经济与社会协调发展的客观选择。美国高等教育学家马丁·特罗以18~21岁适龄人口接受高等教育的比例为标准，将高等教育发展划分为三个阶段：接受各种形式的高等教育的适龄人口比例低于15%属于精英化高等教育阶段，处于15%~50%之间属于大众化高等教育阶段，超过50%属于普及化高等教育阶段。

各国间的综合国力的竞争归根到底是科技和人才的竞争。经济和社会发展的优势蕴藏于知识和人才之中，社会财富向拥有科技和人才优势的国家和地区聚集，谁在科技创新和人才培养上占有优势，谁就在发展上占据主导地位。要在新世纪抓住机遇，增强综合国力，战胜各种挑战，就必须大力发展高等教育，早日实现高等教育大众化的目标，缩小与发达国家的差距。但是，单纯依靠公办高等教育是难以早日实现高等教育大众化目标的。因此，必须突破政府包揽办学的传统模式，大力发展高校教育。

支持和鼓励社会力量办学，扶持和引导高校教育的发展，是世界上大多数国家行之有效的发展高等教育的重要方式。

五、有利于促进经济增长

随着市场经济的发展和知识经济的崛起，人们越来越清楚地认识到教育特别是高等教育兼具消费性和生产性，是劳动力的再生产和知识的再生产，是具有公益性的特殊产业。由民间力量兴办的高校教育完全自筹资金、自负盈亏，更具产业属性。把高校教育作为一项产业来大力发展，不仅有利于高等教育自身的改革和发展，而且有利于整个国民经济和社会事业的发展。

经济不景气对教育发展而言既是严峻的挑战和制约，也是良好的机遇和条件。目前我国城乡居民对高等教育的需求日益旺盛，加快高等教育发展具有极大的重要性和紧迫性。加快发展高校教育，既可以减缓高中毕业生的升学压力，为中小学实施素质教育创造良好环境，满足广大学生和家长对高等教育的需求，提高国民素质和社会文明程度，又可以推迟学生就业时间，减缓目前的就业压力，还可以扩大教育消费，拉动消费需求，促进经济持续增长。

加快发展高等教育是有条件的，现在城乡居民教育消费意愿十分强烈，居民家庭储蓄中有相当大的比例准备用于教育，现有教育资源还有很大潜力，社会力量也有办学的积极性。教育产业正在成为我国新的经济增长点，许多有远见的企业和个人都看好这一产业，愿意投资兴建民办学校特别是高校。而投资不同于捐资，必然要求回报，没有一定的回报就难以吸引大量民间资本投资。高校仅靠捐资，数量有限，也难以维系。而我国现行法律不允许高校营利，《教育法》规定，"不得以营利为目的举办学校"；《高等教育法》也规定，设立高等学校"不得以营利为目的"。许多国家解决这个问题的办法是，将高校分为营利与不营利两大类，营利的要按照企业纳税，不营利的可以按照公益事业减免税。将高校教育作为产业来发展，允许适度营利，可以吸引民间资本投入高校办学，有利于高校改善经营管理，提高办学质量，增强竞争能力，获得一定的盈余。盈余的一部分作为公积金滚动发展，一部分作为红利回报给投资者，这既有利于高校教育自身的快速发展，也有利于刺激教育消费，拉动民间投资，从而促进经济的持续增长。

高校教育作为我国高等教育和国民经济的新增长点，在过去20年里取得了很大成就，已与普通高等教育、成人高等教育构成三足鼎立之势。进入21世纪，只要进一步解放思想，更新观念，全面贯彻"积极鼓励，大力支持，正确引导，加强管理"的十六字方针，高校教育必将成为我国高等教育事业的重要组成部分，充分发挥其对经济和社会发展的促进作用。

第五节　高校教育的功能定位

一般而言，高等教育的功能有两个方面，一方面是对人的作用，另一方面是对社会的作用。这两种功能是相互联系、相互统一的。具体地说，个体层面对人的作用就是高等教育应培养追求真善美的人，而社会层面对社会的作用就是高等教育应促进政治稳定、经济发展、科技进步、社会公平等。作为高等教育的重要组成部分的高校教育同样也具有育人、服务社会的功能。

一、高校教育的根本职能：推动高等教育的多样化，满足社会成员接受教育的需求

目前，我国的高等教育虽已进入高等教育大众化阶段，但还有相当多的适龄青年没有机会进入高等教育中进行深造。高校的诞生在一定程度上缓解了高考升学的压力，促进了个人受教育机会的平等，保障了公民享有受教育的权利。高校教育的发展，打破了高等教育单一的由国家办学的体制，改变了政府包揽办学的格局，逐步建立起了以政府办学为主体，社会各界共同办学的新体制。高校教育的发展增加了高等教育供给方式多样化的选择，为更多的青少年灵活地提供了选择学校、选择教育内容、接受高等教育的机会。

二、高校教育的其他功能之一：增加高等教育投入，优化调节教育资源配置

几乎所有人都承认，高校教育的发展吸纳了社会资金，进一步挖掘了现有社会各种教育资源的潜力，有效地增加了教育投入，弥补了国家财政投入的不足，促进了资源共享，对优化教育资源配置起到了很好的调节作用。

三、高校教育的其他功能之二：促进催化教育思想观念更新，有力维系社会稳定

高校教育在推进高等教育体制的改革与创新，进一步推进了高校办学体制、教育投资体制、管理体制和内部运行体制等教育改革的深化，为高等教育的改革与发展提供了新鲜的经验，对促进高等教育健康可持续发展、推进公办高等教育与高校教育共同发展格局的形成、探索大众化条件下高等学校人才培养模式等方面，发挥出了积极的作用。同时高校为大批青年提供了学习的机会，他们在学校学习期间，在接受知识和技能深造的同时，也有效地减轻了就业市场的压力，对维系社会稳定，缓解就业压力起到了缓冲作用。而社会在进一步吸纳毕业生后，成为首要的直接受益者，生产力和单位行政效率明显提高了，国家（政府）也是间接的最终受益者，社会长期稳定，综合国力不断增强。以上这些正效应所释放出的正能量大家有目共睹，绝大多数都得到了社会和国家的充分肯定。

随着社会主义市场经济的深化发展和科技的不断进步，社会对各类应用型、职业技能型人才的需求激增，我国要满足社会对人才多样化的需求，特别是对大量的应用型、职业技术型专门人才的需求。目前解决这一需求的有效途径就是大力发展高校教育，这也顺应中国社会主义现代化建设的需要，顺应了我国人口众多、教育欠发达的国情的一种历史必然。所以高校应牢牢抓住这一现实条件与优势，根据社会对人才的需求，准确地定位于教学应用型高校和职业技术型专科高校，即民办本科高校应定位为教学高校，民办专科高校应定位为职业技术型专科。与传统的本科以上精英教育所培养的学术型专门人才所不同，培养出更具有显著职业特点的应用型、技艺型人才，差异化发展与错位竞争，准确定位、特色发展，不断增强发展后劲，更好地发挥出高校教育的特色职能，更好地为社会主义现代化建设事业添砖加瓦。

第六节　现代教育理念

一、现代教育理念的内涵

"教育要面向现代化，面向世界，面向未来"，这是邓小平同志1983年10月1日为北京景山学校的题词。题词发表后，迅速为各大媒体所转载，在全国上下引起了巨大的反响，并由此拉开了教育界改革的序幕。

教育必须为社会主义现代化建设服务，社会主义现代化建设必须依靠教育。这是邓小平关于教育要"三个面向"思想的基本要求。因此，现代教育要适应政治、经济、文化的飞速发展，必须以更加创新与完善的理念引导现代教育的改革。综合起来，现代教育理念大致可以归类为以下几个方面。

（一）以人为本的理念

21世纪的今天，社会已经由重视科学技术为主发展到以人为本的时代，教育作为培养社会所需要的人才来促进经济社会发展的事业，更应当体现以人为本的时代精神。因此，现代教育强调以人为本，把重视人、理解人、尊重人、爱护人、提升和发展人的精神贯穿于教育教学的全过程、全方位。它更关注人的现实需要和未来发展方面，注重挖掘人的潜能，重视人自身价值的实现，从而不断提高人的生存和发展能力，促进人自身的发展与完善。

（二）全面发展的理念

促进人的自由全面发展是现代教育的宗旨，因此它更关注人的发展的完整性、全面性、表现在宏观上，它是面向全体公民的国民性教育，注重民族整体的全面发展，以大力提高和发展全民族的思想道德素质和科学文化素质，提高民族的知识创新和技术创新能力，增强包括民族凝聚力在内的综合国力为根本目标；表现在微观上，它以促进每一个学生在德、智、体、美、劳等方面的全面发展与完善，造就全面发展的人才为己任。这就要求人们在教育观念上实现由精英教育向大众教育、由专业性教育向通识性教育的转变，在教育方法上采取德、智、体、美、劳等多育并举、整体育人的教育方略。

（三）素质教育的理念

现代教育更注重教育过程中知识向能力的转化工作及其内化为人们的良好素质，强调知识、能力与素质在人才整体结构中的相互作用、辩证统一与和谐发展。针对传统教育重知识传递、轻实践能力，重考试分数、轻综合素质等弊端，现代教育更加强调学生实践能力的锻造，全面素质的培养和训练，主张能力与素质是比知识更重要、更稳定、更持久的要素，把学生综合素质的培养与提高作为教育教学的中心工作来抓，以帮助学生学会学习和强化素质为基本教育目标，旨在全面开发学生的诸种素质潜能，使知识、能力、素质和谐发展，提高人的整体发展水准。

（四）创造性理念

传统教育向现代教育的重要转型之一，就是实现由知识性教育向创造力教育转变。因为知识经济更加彰显了人的创造性作用，人的创造力潜能成了最具有价值的不竭资源。现代教育认为，教育教学是一个具有高度创造性特点的过程，以启发、点拨、开发、引导、训练学生的创造力才能作为其基本目标，主张以更新颖的教学手段和美好的教学艺术来创造出教育教学环境，从而更好地培养创造性人才。现代教育主张，完整的创造力教育是由创新教育（旨在培养学生的创新精神、创新能力与创新人格）与创业教育（旨在培养学生的创业精神、创业能力与创业人格）二者结合而形成的生态链构成。因此，加强创新教育与创业教育并促进二者的结合与融合，培养创新型、创业型、复合型人才成为现代教育的基本目标。

（五）开放性理念

当今时代是一个开放的时代，科学技术的快速发展、经济的逐步全球化使世界成为一个紧密联系的地球村。以前的教育格局将被打破，取代它的是一种全方位开放的新型教育。这种新型教育包括教育方式的开放性、教育过程的开放性、教育观念的开放性、教育目标的开放性、教育评价的开放性、教育内容的开放性等。

（六）多样化理念

现代社会是一个日益多样化的时代，随着社会结构的高度分化，社会生活的日益复杂和多变以及人们价值取向的多元化，教育也呈现出多样化发展的态势。这首先表现在教育需求多样化，为适应经济社会发展的要求，人才的规格、标准必然要求多样化。其次表现在办学主体多样化、教育目标多样化、管理体制多样化。最后还表现在灵活多样的教育形式、教育手段，衡量教育及人才质量的标准多样化等。这些都对教育教学过程的设计与管理提出了更高的要求与挑战，它要求根据不同层次、不同类型、不同管理体制的教育机构与部门进行柔性设计与管理。它更推崇符合教育教学实践的弹性教学与弹性管理体系，主张为教育事业的发展提供更加宽松的社会政策法规体系与舆论氛围，以促进教育事业的繁荣与发展。

（七）生态和谐理念

自然物的生长需要良好的自然生态环境，人才的健康成长同样也需要宽松和谐的社会生态环境的滋润。现代教育主张把教育活动看作一个有机整体，这个整体不但包括教育活动的老师、课堂、学生、教育、实践、内容与方法诸要素的融洽与和谐统一，也包括教育活动与整个文化氛围和环境设施的和谐统一，把融洽、和谐的精神贯注于教育的每一个有机的要素和环节之中，最终形成统一的教育生态链整体。

（八）系统性理念

随着知识经济的来临以及学习化社会的到来，终身教育成为现实。教育成为伴随人一生的最重要的活动之一。因而，教育不再仅仅是学校单方面的事情，也不仅仅是个人成长的事情，而是社会进步与发展的大事，是整个国民素质普遍提高的事情，是关乎精神文明建设及两个文明协调发展的全局性、战略性大业。它是一项由诸多要素组成的复杂的社会系统工程，涉及许多行业和部门，所以需要全社会普遍参与、共同努力才能做好。所以，与传统教育不同，转型时期我国正在形成的是一种社会大教育体系，它需要在系统工程的理念指导下进行统一规划、设计和一体化运作，以培养人们的学习能力、提升人们的生存和发展能力为目标，以实现社会系统内部各环节、各部门的协调运作、整体联动为基础，把健全教育社会化网络作为构成教育环境的中心工作来抓，促进大教育系统工程的良性运行与有序发展，以满足学习化社会对教育发展的迫切要求。

二、高校现代教育理念

（一）高校教育理念的概念

我国学界对教育理念问题的关注和研究，始于 21 世纪之初的基础教育新课程改革。新课程从教学目标的确立到教学内容的编排，再到教学方式的设计，都与传统课程有着根本的不同。教师要想适应新课程的教学工作，首先必须转变教育思想和观念。其后，教育理念研究逐渐从基础教育领域进入高校教育领域。从已有教育理念的研究成果来看，其概念界定比较有代表性的观点如下：有学者从教学理性认识的角度出发，认为教育理念是从先进的教育理论中演绎出来的有关教学活动的理性认识，是"教学应该怎样、为什么需要如此"的理想化认识，体现了教师对教学实践的价值期待及理想追求。有学者从现实与超越的视角指出，教育理念不仅包括教师对教学问题的现实性认识，也包括教师对教学问题的前瞻性价值判断与结果选择。有学者主张从教学规律的角度解读教育理念，指出教育理念是教师对教学与学习活动内在规律的认识，是教师对教学活动的看法以及所持有的基本态度与观念。有学者从大学教师的维度指出，教育理念是指大学教师头脑中观念性地存在着的，关于学科教学和学生智慧发展等方面理论与信念的综合体，是指导教师教学实践活动的理论基础。有学者从融合与统一的视角指出，教育理念就是教学理念和教学理想的一种融合，是主观和客观的一种融合，是认识和信念的一种融合，是思想和行为的一种融合，是事实判断和价值判断的一种融合。有学者则从教学思维和教学价值观的角度出发，指出教育理念是关于教学的根本看法与思想，是教师对教学问题进行思维所获得的结果。综上所述，学者们对教育理念概念的解读和界定，虽然存在着认识视角和侧重点的不同，但也反映了一些共同特点，即都主张把教育理念理解为教师对教学所做出的主观认识和价值判断，是教师对教学所表现出的态度与信念、期待与追求，是教师对教学所持有的思想与观念。

　　基于上述分析，笔者认为高校教育理念是高校教师在长期教学理论学习与教学实践反思基础上创造生成的对教学活动价值及其本质规律的认识和判断。从本质上来说，教育理念体现了高校教师对"教学究竟是什么"以及"教学到底能够做什么"的理性思考，深刻反映了教师对教学的应然状态以及教学的理想状态的憧憬和向往，因而表现为一种指向教学实践活动未来的精神范式和理性品格。高校教育理念不同于教育观念，教育观念或者是以"非系统化"的方式呈现关于教学实践的感性认识，或者是以"意识形态"的方式呈现关于教学实践的理性认识，具有强烈的现实性色彩。高校教育理念也不同于教学理想，教学理想是教师对未来教学实践发展趋势的把握、想象和憧憬，它不仅具有鲜明的情感性特点，而且具有极为突出的信念性特征。高校教育理念处于教育观念和教学理想的联结点与关键点的位置，较之于教学观念，它往往弱化了现实性而更具信念性；较之于教学理想，它往往弱化了信念性而更具现实性。教育理念在高校教师的教学实践活动中发挥着方向性和主导性的价值作用，是更新教师教学行为的先导和灵魂。教育理念渗透和融入高校教师的教学过程之中，不仅影响着教师对教学内容的讲解、对教学方法的运用以及对教学进程的调控，也影响着高校教师的教学态度及其对教学认知、情感和行为的投入程度，因而是高校教师教学成功的最深层支撑力量。

（二）高校教育理念变革的趋势

进入 21 世纪以来，随着我国高等教育大众化进程的不断推进，高等教育条件保障机制等方面遇到了难以预料的困难，由此引发的人才培养质量争议成为高等教育的热门话题。政府和高等学校回应这种社会争议的积极举动就是实施"高等学校教学质量与教学改革工程"，试图既改善高等教育的条件保障状况，又注重将物化的环境与条件转化为人才培养所必需的制度建设，不断推进教育理念创新。

1. 全面落实科学发展观

科学发展观的第一要义就是发展，包括高等教育的发展和人的发展。围绕以人为本这个核心，人才培养工作必须是全面协调可持续发展的，这也是终身教育和学习化社会思想的基本要求。贯彻党的教育方针，推进素质教育，坚持"巩固、深化、提高、发展"的方针，遵循高等教育的基本规律，牢固树立人才培养是高等学校的根本任务、质量是高等学校的生命线、教学是高等学校的中心工作等新的高等教育理念。

2. 建立健全大教育观

具体表现在优质高等教育资源共享上，通过新教材和立体化教材建设、网络教育资源开发和共享平台建设，建设面向全国高等学校的精品课程和立体化教材的数字化资源中心，建成一批具有示范作用和服务功能的数字化学习中心，完善服务终身学习的支持服务体系，提升我国高等教育的质量和整体实力。这需要充分考虑提高教学质量的系统性和复杂性，确定一些具有基础性、全局性、引导性的改革突破口，引导高等学校教育教学改革的方向，实现高等教育规模、结构、质量和效益协调发展。同时，也需要调动政府、学校和社会各方面的力量，把发展高等教育的积极性引导到提高质量上来，充分利用各方面力量支持高等学校的发展，切实解决高等学校在提高质量方面的实际问题，为高等学校办学创造良好的外部环境。

3. 不断鼓励和引导丰富多彩的高等学校教学创新

高等学校教学创新与高等教育质量提高是一对永恒的孪生话题。总体而言，我国高等学校教学创新在实践活动上可谓阵容庞大、气势恢宏，但在形式和内容上出彩不多。因此，在教学制度创新方面，要继续建立和完善教学评估制度、专业认证制度，高等学校基本状态、数据发布制度等；在教学活动创新方面，不仅要落实"教授、名师要上课堂"，还要努力建设高等水平教学团队。同时，应继续突出学生的主体地位，不断加大学生选课、选专业余地，通过学分制使学生学习的自主性、自我责任心进一步增强，还应通过各级各类大规模、高强度的教学研究与教学改革立项和成果奖励，推动教学方法改革创新的激励机制，根本改变教学方法改革创新零散、自发、孤立、短效的局面。

第三章 高校的教学改革探索

教学是人才培养的关键环节，也是教育改革的重点所在，培养应用型人才，需要与之相适应的教学活动，传统的教学已经不能满足应用型人才培养的需要。因此，探索应用型院校的教学改革，就成为能否有效培养应用型人才的决定性因素。本章将在回顾我国本科教学改革历程的基础上，探讨适应应用型院校的教学模式。

第一节 高校教学模式

科学技术要创造性地应用于生产实践，应用型人才是其转换为现实生产力的载体。当今社会，理论素养、实践能力和创新意识的综合指标越来越成为评价人才是否优秀的标准，各行各业的发展也都迫切需要应用型人才的加盟。而培养这类人才的基本途径是学校教学，因此，加强教学工作是提升高校教育质量的根本举措。

一、高校教学的原则：实践性

高校的培养目标是应用型人才，而作为人才培养主渠道的教学则更具有实践性、应用性和技术性，其主要表现在教学目的的实践性、教学内容的实践性及教学过程与方法的实践性。只有如此，才能培养高素质的具有创造性精神的应用型高级专门人才，才能实现培养目标。因此，实践性是高校教学应遵循的基本原则。

高校在开展教学工作时，应坚持实践性的原则，在各个教学环节凸显、贯彻实践性原则。

（一）高校教学目的的实践性

普通本科强调培养目标的通用性，更多的是培养研究与设计的学术型人才。而高校的培养目标是应用型人才，其主要包括技术应用型、复合应用型、服务应用型与职业应用型人才，高校的教学目标是其培养目标的具体化与细化，是培养目标的体系，是落实到实际层面上来说的。高校以培养一线生产实际需要的人才为核心教学目标，在能力培养中特别突出对基本知识的熟练掌握和灵活应用，以及解决实际问题的能力。

比较而言，高校对于科研开发能力不做更高的要求，强调实际动手操作能力与解决实际问题能力的培养；在教学目标上不是强调认知性目标，而是强调实践性、参与性与体验性等非认知性目标，在一定程度上具有实践性与体验性。如对某一职业的认识，不是停留在理性认识的基础上，而是让学生在参与实践的过程中真正了解与热爱其职业，使其更具有感性认识。从而在教学目标上对实践性进行规定，使其真正成为教学的起点，为整个教学进行正确导航；也以其为终点，对其整个教学进行正确的评价。

（二）高校教学内容的实践性

本科教学体系可分为理论体系和技术体系两部分。普通本科教学强调理论体系，采用的是以学科为主的三段式的教学内容模式：公共基础课—学科基础课—专业课。它们具有鲜明的层次性，逻辑性很强，严格按学科知识的逻辑顺序来进行。普通本科教学也存在技术体系，但其主要是为理论体系服务的，居于次要地位，从属于理论体系。而高校教学强调技术体系，教学内容并不是基于学科的，而主要是基于职业工作能力需求的原则来构建理论体系，因而教学内容是技术教育内容，而不是科学教育内容。再者，要使知识与技能真正内化为能力，必须通过实践环节。

因而，高校要采用实践性很强的课程导向模式。高校虽存在基础理论，但最基础的主要还是基于职业的能力培养，高校在重视基础理论的同时，更应关注实践、实验、实习、训练、试验、证书培训、课程设计、毕业来设计，其内容要围绕着一线生产的实际需要来设计，要强调基础、成熟和实用，而不强调学科体系的严密逻辑及对前沿未知领域的高度关注。高校教学内容具有实践性，体现出很强的实践性特征，在整个课程体系中要凸显实践课程教学体系，实践课程教学课时数要达到一定的要求，要远远高于普通本科实践课程教学学时，甚至在某些专业方面要与理论教学达到 1∶1 的比例。

（三）高校教学过程与方法的实践性

高校教学过程与生产实际结合较密切，强调教学实施的过程取向，强调教学过程的生成性与发展性，更加重视课程设计、实习和实训等教学环节，所培养的人才比工程研究型人才与设计型人才更需要工程实践训练，更要有良好工程环境和氛围的体验。应用型人才培养过程更加强调与一线生产实际相结合，强调产学研的结合。产学研结合是实现应用型人才培养的根本途径。高校教学过程要紧密依托行业和当地政府与企业，建立产学研密切结合的教学运行机制，在教学方式上要与实际职业岗位相衔接，在教学的场地与时间上要具有弹性，不仅是课堂与教室，还一直延续到产学研的合作单位，使学生在实习训练中完成从理论教学到实践教学的过渡，从学校到职场的过渡，以凸显高校教学过程与方法的实践性，为学生的就业提供帮助。

二、高校教学的内容与方法

高校应积极开展教学改革，以便与提高培养目标的层次水平相呼应，高校的教学主要是按照本科教育的基本要求强化基本理论知识、完善学科体系、加强实践教学、强化能力培养等。相对过去的专科教育，高校明显加强了公共基础理论的教学，普遍重视学科的理论体系，如加强工科的"高等数学""大学物理"，文科的"大学语文"等课程以及专业基础课程。同时为了加强大学生的教学实践能力和包新能力的培养，高校不断强化实践性教学环节，努力加强素质教育。从这几年高校的教学实践来看，高校的教学改革取得了许多成果，但与培养高校人才的要求相比，无论是教学内容，还是教学方法，其改革的力度和深度都还有待加强，而且要凸显高校教育的特色。

高校应重视按照本科教育的基本要求改革基础理论课程，但同时在专业课程方面无论是广度还是深度都应进一步加强。专业课程的改革，会直接影响培养目标的实现。专业课程教学内容和教学方法的改革到位了，培养目标提出的业务才能落到实处。

另外，对基础课程来说，不仅要有自己的教学目标，更要为专业课程打基础。专业课程对基础课程具有一定的导向作用，如果专业课程仍停留在原来的状况，基础课程就容易陷入改与不改的困境，更会造成基础课程与专业课程的脱节，阻碍教学改革的整体推进乃至改革效益的提高，更会影响高校特色的凸显。

专业课程改革应紧紧围绕培养目标的业务要求来开展。高校以培养高校人才为己任，高校人才以掌握技术并能熟练运用为主要特点，因此，高校的教学内容和教学方法应紧紧围绕着学生掌握技术及其应用能力的培养来选择、组织和展开。分析高校近几年的教学改革实践可以看出，高校的教学方法，特别是专业课程的教学方法仍延续着专科教育做法，即注重实践教学环节和强化动手能力培养。专科教育与本科教育的教学方法虽然在形式上有些相同，但其实质是有区别的。高校在继承过去的成功经验和优良传统时，必须结合新的要求进行相应的改革，特别是专业课程的内容及其教学方法。

高校改革教学内容和教学方法对自身的发展是至关重要的。只有成功改革教学内容和教学方法，高校的预定目标才有可能实现，高校教育的特色才能凸显。因此，高校首先要调整先基础后专业的改革策略，实施综合改革策略，将基础课程和专业课程的改革相互配合、协调推进，从而保证基础课程和专业课程的教学内容前后呼应，具有良好的连贯性和一致性。其次要强化技术科学，以技术知识及其应用技能为核心重组教学内容，以培养技术能力为依据重构课程体系。再次要强化理论与实践的良好结合，所谓良好结合就是这种结合应该对社会的实际工作岗位有较好的模拟性，即学生应该在与将来的社会实际工作岗位相接近的环境中学习和掌握技术并得到一定的实际应用经验。最后还要注意的是，高校的实践教学应针对技术应用能力的培养来展开，不仅时间上要保证，更关键的是内容要贴切，要彻底改变过去"走过场"的做法，使实践教学真正起到培养能力的作用。

三、构建培养应用型人才教学体系的探索

就系统建设而言，一个良性循环的应用型人才培养体系应包括教学运行体系，包括教学思想的确立、课程的设置、教学的实施及其评价等环节。高校应紧紧围绕"应用型人才"这个培养目标，构建以能力为重心的教学体系。

（一）构建相对完善系统的理论教学体系

在理论教学体系的构建过程中，要对人才培养目标进行全方位的研究，在总体上设计出学生需要掌握的知识后，按照有所为有所不为的原则，对所有理论课程进行整合，构建出完整、系统的理论教学体系，同时为实践教学预留出充分的学分和学时。在理论课程的设置过程中，还应充分考虑到社会对人才的全方位要求和毕业生今后发展的需要，夯实学生的理论基础，使学生具备较为厚实的基础理论知识和必要的人文社会科学知识，提高学生的综合素养，为学生未来的可持续发展奠定基础。同时也要结合专业特点，实行分层次教学和分类教学。

（二）构建实践教学体系

围绕社会对人才创新、创业精神和实践能力的要求，需要构建从课堂内系统的、综合性的实践课程到课外的自助开放实验、贯穿学习全过程的专业素质拓展训练和校外实习相结合的培养体系。根据高校人才多层次、多元化的能力特点，需要构建分类设计、分层施教、分步实施、独立设置的必修与选修相结合的实践教学体系。在教学过程中，在实验教学方式上要注重因果式引导、成果型训练，从而激发学生的专业学习兴趣与钻研的好奇心。另外，还应对现行的教学内容和教学方法进行改革。首先在观念上要明确任何一门学科都是围绕具体的研究领域

进行阐述，并随着研究成果的积累而不断完善深化的过程。因此，教师应重点讲授研究和解决问题的思路和方法，鼓励学生积极提出问题，参与讨论，以激发学生学习的积极性、主动性和创造性，并通过各种方法和渠道为学生提供学习和实验资料，促使学生努力探求知识，在学习的过程中始终保持着研究、分析和解决问题的兴趣。

（三）构建素质拓展教学体系

作为21世纪的应用型人才，应当具备良好的综合素质，才能适应社会不断发展的要求。因此，在理论教学、实践教学体系以外，还应该构建素质拓展教学体系。素质拓展教学体系的内涵包括社会综合能力的训练和专业外延的训练，既包括专业技能、专业素养的拓展，也包括社会综合能力的扩充，还包括学生精神气质的陶冶和身心品质的全面提升。素质拓展训练可以通过各种灵活多样的形式开展，包括各类专业证书教育、各类专项培训，以提高学生的专业应用能力和技术开发能力，使学生在各项培训和实践中提高素质，获得技能；还可以通过各种综合性技能竞赛，各类科技、文化活动提高学生的社会交往能力、团结协作精神。总之，以能力培养为重心的教学体系的整体构建，是培养知识、能力、素质和谐发展的高素质高校人才的内在要求，也是适应我国经济结构调整的客观需要。高校为社会培养应用型人才，是时代赋予的任务，也是高校在激烈的竞争中站稳脚跟，不断发展的必由之路。

（四）构建新的教学运行机构

改革过去单纯教学型的教学模式，解决偏重于理论教学、对学生实践能力和创业精神不够重视的弊端，构建具有产、学、研一体化特色的教学运行机制。该运行机制以学科和专业为依托，以学科专业带头人和骨干教师为主要力量，充分利用现有学科专业的智力资源，打破院（系）行政机构的界限，融教学、实验、科研开发为一体，与实验室和实训基地建设相结合，具备开放性和综合性功能。在保证教学的基础上，面向社会和企业进行应用科学研究和开发，为社会提供技术咨询、项目研究、技术应用服务。同时注重将最新科研成果及时"转化"到课堂，将最新的知识传授给学生。不仅要成为学校人才培养模式改革的示范性场所，而且要成为应用型技术成果研发的基地。要参照公司运行机制，构建以科研开发和成果转化为主要功能的学科性公司，按照现代公司运作模式组建学校的产业资本、创业资本和人力资本。通过与企业合作或共同开发等形式，积极推动各项科研成果的开发和转化，实现学校"服务社会"的职能。在条件成熟时，创建具有学科特色的科技产业公司。最终实现以教学带动科研、以科研推动产业，达到提高教学质量、培养合格人才的办学目标。

制定和实施"教学管理细则""教师教学规范""理论课教学规范""实验课教学规范""毕业设计（论文）工作规范""毕业实习工作规范"等管理规范，使教学各环节管理制度化、规范化。建立教学监督检查制度，监控教学各环节，形成教学质量监控机制；建立各项教学奖惩制度，通过教学通报教学事故的认定与处理等，在保障课堂教学合格率的基础上，不断提高课堂教学优秀率，为培养应用型人才提供制度上的保障。

（五）立足地方，依托行业，实现产学研结合

重组基础实验课程特别是工科本科的基础实验课程体系，发挥自然科学基础实验中心的作用，组建以工程技术实训中心为核心的跨院系的基础性实验或专业实训教学机构，形成基础实验、综合实验、设计实验三个实践教学层次，既能培养学生的工程意识和工程实践能力，又能培养其开拓创新精神。这样，一方面可以以实验室、实习工厂、实训基地（中心）为依托，保证培养学生技术应用能力的连续、梯次的实践教学顺利进行，实现"实验、科研、生产的一体化"；另一方面可以通过与地方政府和企业的合作，建立具有开放性的产学研实训基地，以人才培养、成果转化、共同开发等多种形式运作，以期取得良好的办学效益。应当有效利用社会资源，聘请社会与企业专家、工程技术人员担任兼职教师，承担相关课程的教学和实验工作，委派中青年教师到企业挂职锻炼，以此形成一支既有较高学术和教学水平，又有较强实际工作能力的"双师型"专兼职教师队伍。

根据学科优势和当地经济发展建设的需要，应用型高校应重点建设相应的具有产学研功能、能够实现资源共享的开放式实验中心或实训基地，使之不仅成为教学和职业技能训练场所，而且成为教师提高实践能力和进行科学研究的基地，成为政府机关、企业及事业单位相应层次人员岗位技能培训的基地。

第二节　高校的校企合作

高校的主要职责是培养技术应用型人才，直接为本地的行业和企业服务，促进本地区社会经济发展。因此，校企合作是实现这类学校培养应用型创新人才的关键。但是由于取消了部门办学，原有的行业办高校与企业之间的联系被割裂，新建的大学与企业之间的合作缺乏有效的制度安排，因此虽然国家从政策层面反复强调校企合作，各地高校都在积极探索校企合作的模式，但是从总体上看，高校游离于企业和产业之外的状态尚未得到彻底改善。在高等教育多样化发展的背景下，应用型高校如何在明确自身定位的前提下，探索同时具有"应用型"和"本科教育"特点的校企合作模式甚为关键。

一、校企合作是我国高等教育改革的必然要求

《国家中长期教育改革和发展规划纲要（2010—2020年）》对高等教育改革和发展提出的一项重要任务是"优化结构，办出特色"，纲要指出高等教育必须适应国家和区域经济社会发展需要，建立动态调整机制，不断优化高等教育结构。其中一个重点就是要扩大应用型、复合型、技能型人才的培养规模。应用型人才主要从事非学术研究性工作，任务是在一定的理论规范指导下，进行社会化的操作运用，将抽象的理论符号转换成具体的操作构思或产品构型，将知识应用于实践。简单地说，应用型人才是符合社会实际需要的人才，除了具有一定的理论知识，更为重要的是具有实践能力。作为主要培养应用型人才的高等教育机构，高

校必须与企业密切深度合作。

首先，应用型人才必须符合社会的实际需要。

在社会主义市场经济条件下，社会的实际需要最后具体落实到企业的需求上，只有深入企业，与企业合作，才能准确判断企业的实际需求，也才能对社会经济未来的人才要求变动趋势做出正确的预测。因此人才培养的规格和目标必须由企业与高校共同制订，企业还必须参与整个培养过程，包括制定培养计划、建设课程体系、确定教学内容、实施培养过程，最后参与制定人才培养质量评价的标准。

其次，应用型人才必须具有出色的实践能力，而实践能力的培养必须与企业紧密合作，单凭高校的师资、设备和环境是无法培养出学生扎实的实践能力的。

培养学生的实践能力，首先需要具有实践能力的教师做指导。而我国传统高校的教师大多是从高校到高校的，很少有教师具有在企业工作的经历，直接从企业聘请的教师就更少了。培养学生的实践能力，需要学生真正参与工作流程和工作项目。高校尽管有实验室以及实训中心，但是设备与材料有限，难以重造一个真实的工作环境。

再次，应用型人才还必须具有一定的职业精神和职业道德。在封闭的校园中学习和生活，远离社会和企业，学生就难以接触企业文化和职业精神，靠课堂学习难以学会真正的职业道德，这将对他们毕业后融入企业造成障碍。

最后，校企合作是应用型高校实现为社会服务职能的重要途径。《国家中长期教育改革和发展规划纲要（2010—2020年）》要求高等教育应增强社会服务能力，要求高校"牢固树立主动为社会服务的意识，全方位开展服务。推进产学研用结合，加快科技成果转化，规范校办产业发展"。

作为应用型高校，必须主动服务国家战略要求，特别是主动服务行业企业需求。

二、高校校企合作的特殊性

在高等教育已经成为社会中心的现代社会，校企合作对于任一类型的高等教育机构的生存和发展都意义重大。但是，由于人才培养规格不同、在创新型国家战略体系中所处位置不同、实现职能的侧重点不同，高校与另两类高等教育机构即学术型大学和高职高专相比，在开展校企合作时有其特殊性。

（一）高校职能的侧重决定了校企合作的重点不同

校企合作既有利于人才培养，也促进了科学研究，更是服务社会的主要内容，对不同类型的高校都适用。但不同类型的高校对三大职能的侧重不同，对国家竞争实力的贡献不同，因此校企合作的重点也不同。

比较而言，学术型大学更加侧重于科学研究，致力于让我国的科学研究能力和学术水平处于国际领先地位，其服务社会的职能主要通过科研成果向生产领域的转化来实现。校企合作的重点在研究领域，与企业合作进行科技研发、研究成果的资本化及其向生产要素的转化，一般以项目的形式共同参与研究开发并进行相关的技术转移，其研发项目代表了本行业的领先水平。这类校企合作有望实现整个行业的技术突破，从而取得在全球化竞争中的优势。

高职高专院校侧重于教学职能即培养技术型的人才，服务社会的职能主要通过开展职前职后培训来实现，其校企合作侧重于教学过程。高职学校通常成立以相关企业人士为主的专业委员会，企业与学校在专业培养目标论证、教学计划制定、课程开发、教材编写、校内外实践教学基地建设等各方面进行合作，企业可以直接地、全方位地介入学校教学过程的各个方面。这类合作的目的是增加高职学校人才培养的社会适切性，满足国家在经济结构转型中对于技术人才的要求。

高校居于二者之间，既要重视实践教学又要加强应用型科学研究，其服务社会的职能通过为企业提供技术指导、咨询以及应用型研究成果等方式实现。校企合作一方面在于学校为企业提供技术服务，另一方面在于企业为学校提供实践教学的条件。高校可以为中小企业解决技术问题，帮助中小企业设计开发新产品，提高我国工业企业整体的生产能力以及技术含量，帮助出口企业提高劳动生产率，开发高附加值的出口商品，实现出口产业链的升级，摆脱原来在全球贸易中的尴尬地位。

（二）不同类型高校的区域特征对校企合作的影响

学术型大学拥有各自的优势学科，其学术研究水平居于全国领先地位，在我国一般指"985"大学，都是部属高校，面向全国招生，其公共资金主要来自中央财政拨款。与这类学校合作的企业一般是国内甚至是国际上知名的大企业，在本行业具有技术领先地位。

高职高专院校一般是市属院校，为本地区的经济发展服务，因此要适应本地区的经济结构，培养当地企业需要的技能型人才，满足企业对技术能力的需求变化。这类院校数量众多，目前已有1000多所，其合作方式以工读结合为主，学生在其学习过程中多次进入合作企业进行实习实训。参与合作教学的学生数量多，合作的时间长，频度高。从适切性与成本控制的角度考虑，合作企业主要是高校所在地的中小企业。这也造成了高职院校校企合作的不均衡现象。经济发达地区企业集中，对技术人才需求量大，有意愿也有能力提供大量合作教学的条件，因此校企合作成效显著，如上海、宁波等地的校企合作就势头正旺。

高校一般是省属高校，除了在经济发达的大都市和省会城市比较集中之外，一般比较均衡地分散于各地，基本上每个地级市都有一所高校，它不仅成为该地区的教育文化中心，同时也是该地区的科学技术服务中心。高校培养的人才以满足本地区社会经济发展需要为主，同时辐射周边地区，并向经济发达地区输送技术人才。其科研成果的转化以及技术服务和咨询业务也必然与本地经济结构紧密相关，为本地区重点发展的支柱性产业服务。这类大学需要与本地区的中小型企业建立广泛的联系，不仅为单个企业提供服务，更重要的是与多家企业共同组成研究中心，对本行业带有普遍性的技术问题进行研究，推动本地区重点产业的技术进步和产业升级。如江西省赣南师范学院地处江西赣州，当地优势产业是脐橙种植以及果品储藏和加工。该校与赣州市果业局、赣州市农业局、赣州市柑橘科学研究所、上海温兴生物工程有限公司、江西王品农业科技开发有限公司等六家单位通过会员制形式组建了脐橙工程研究中心。中心整合学校、研究机构、企业和行政部门的资源，既增强了研究能力，培养了研究人才，又为该地区从脐橙种植到加工的整个产业链提供技术支持。其目标是建设成为脐橙产业技术的创新中心、转化中心、辐射中心及人才培训基地。

（三）不同人才培养目标对校企合作的影响

学术型大学以培养科学研究人才为主要目的，其中包括应用型研究人才。其培养人才的重点在研究生阶段。本科教育是为研究生教育打基础的，因此以通识教育和基础理论训练为主，较少将本科生派往企业接受专业教育和技术教育。研究生通常参与校企合作的科研项目，以科研促进教学，既可以获得研究经验提高研究能力，也可以更好地为将来在企业界进行应用型研究做准备。

高职高专院校培养实际操作能力强的技术工人，其目标是与企业无缝对接。最为典型的是订单式培养，学校招生与企业招工融为一体，学生入学就与企业挂钩，"厂校结合，工读交替"，在一定的学制年限内，多次反复安排学生进入工作岗位，从见习到实训到顶岗实习，由基础到专业知识循序渐进，理论与实践密切结合，学校教育与工厂培养相辅相成，不仅学习岗位技能而且融入企业文化，真正实现学校与企业的零距离。

高校的培养目标是在高新技术产业链中工作，可使研究工作深化、生产工艺水平和营销管理水平提高的"研究开发型""集成创新型""工程技术应用型"的中、高级应用型人才。从职业带理论来说，高校教育的培养目标指向技术员与工程师的交叉区域，即高级技术型人才或初级、中级工程型人才，也就是技术教育与工程教育在本科教育层次上的交叉部分。对文科来说，培养的则是应用文科理论为社会谋取直接利益的人才。与学术型大学不同，高校生的培养重视的是实际工作能力而不是学术研究能力；重点不是知识的积累和创造，而是知识的应用。因此，这就要求在教学内容上将学科知识体系与实际工作过程结合，在教学方法中将理论教学与实习实训结合，在教学成果的检验中将毕业设计与设计样品的制作、安装、调试结合。这些教学要求必须在本科教学过程的各阶段通过校企结合才能实现。

与高职高专所培养的技能型人才不同，他们不要求具体的岗位操作技能，而是要具备研究、开发、设计、制造、营销、管理等实际工作能力。因此学生一方面需要进行系统的学科理论学习；另一方面需要在企业进行见习与实践教学，了解企业的实际工作过程和工作需要，将理论与实践需要融会贯通。在实践教学中，学生不仅要了解一个企业的需求，更要掌握整个行业的现状和未来技术发展的趋势，这样毕业生才不仅有即时性的技术，而且具有前瞻性的眼光和迁移能力，能够成为适应企业发展的技术骨干。这就要求在校企合作教育中，除了个别专业为当地大型支柱企业服务，由企业赞助组建专业学院或专业班之外，大部分专业不宜进行订单式培养。虽然教学计划、课程开发、教学内容可以参考企业和行业的需求及时更新，但是应在全行业的范围内组织专业委员会，其成员必须在本行业内范围内组织专业委员会，其成员必须在本行业内具有一定的先进性和代表性。专业委员会的建议只能作为课程开发的参考，教学计划不能放弃学科知识体系的完整性。

三、我国高校校企合作的模式

从 2008 年 6 月开始，本课题组先后在北京、湖北、江西、福建、河南、上海等地进行了广泛而深入的调研，了解和分析我国高校的发展现状，以期对这类高校的未来发展提供一个可资借鉴的模式。

从各国高校校企合作的实践来看，其方式多样，设计安排灵活多变，有以教育为目的的校企合作，也有以科研开发为目的的校企合作，但更多的合作方式是将大学的三个职能融为一体，使双方实现共赢。我国高校起步较晚，开展校企合作的时间不长，但是也已经在实践中取得了一些初步的成果。

（一）以教育为主要目的的校企合作

这些合作方式主要以培养应用型人才为目的，主要包括四种：一是企业受大学的邀请参加专业委员会，为相关专业的教学计划、教学内容提供意见。二是企业向高校派遣兼职教师，帮助大学构建双师型教师队伍，如北京联合大学应用文理学院规定各学科的教师编制中要有25%的社会兼职教师。三是企业与大学联合建立实验室和实训中心，如上海工程技术大学与国内外企业合作，建设了多个高水平的联合实验室和研究中心。其"现代工业实训中心"与德国博世集团、德国西门子公司、美国德州仪器公司、美国盖勒普公司等企业建立了联合实验室，与上海纺织控股集团公司、上海航空公司、上海地铁运营公司、上海交运集团公司等企业集团合作，建设了7个高水平的联合实验室和研究中心。四是企业为学校提供实习和实训场所。

（二）以科研为主要目的的校企合作——合作研究中心

前述江西省赣南师范学院与企业以及政府相关部门合作的脐橙工程研究中心，围绕以脐橙为主的果业产业发展的关键技术，开展工程化研究、集成、示范与推广，在育种与栽培、土壤与肥料、营养与生理、病虫害防治、果品贮藏与加工等方面进行科研攻坚。其中主要实验室如工程中心的质检中心、土壤与肥料实验室、营养与生理实验室、病虫害防治实验室、苗木脱毒实验室、贮藏与加工实验室等均设立在该校的化学与生命科学学院，此举无疑将大大充实该校的科研实力，提高其科研水平。

（三）教学与服务的结合——在企业进行的生产性实训

以深厚的职业教育基础为背景，德国的应用型大学非常重视基于工作的教育（work-based education），形成了完善的实训教学制度。德国应用科技大学（FH）在8个学期中安排2个完整学期的实习。第1个实习学期的主要任务是让学生通过实习，加深对基础理论知识的理解，掌握本专业的基础工程技能，了解企业生产和管理的过程；第2个实习学期旨在培养学生的实际工作能力，工科专业的学生在此时要承担接近工程师要求的任务，实习学生要在企业中由有经验的专业人员或经营管理人员指导，完成实习任务。学生在实训期间的活动既是学习也是工作。作为教学过程的延续，学生接受企业兼职教师的指导，实习结束时除要由企业出具实习证明外，学生必须完成实习报告，由教授给出成绩。作为实习性质的工作，企业向学生支付报酬，如在下萨克森州的报酬一般为 600～800 马克，这可以视作学校向企业提供劳务。我国的高校也在企业建立了许多实训基地。截至 2007 年，上海电机学院签约的实习基地就有 68 家，主要是一些上海市的大中型企业和高科技 IT 企业。

（四）教学、科研与服务的结合

第一种模式是教师走出去。高校的教师和研究人员脱产挂职或者利用业余时间兼职在企业工作，为企业提供咨询服务。通过咨询活动，教师把在实际应用中获得的知识带回课堂，课程会因为现实中的例子而更加生动，促进教学与实践的结合，同时还能为学术研究提供新的问题和新的需求。上海电机学院在这方面就进行了成功的实践，2008—2009 学年该校派遣了 8 位教师到企业挂职，主要是刚分配到校的新教师，一方面为企业提供服务，另一方面也是让新教师接触实际工作，为以后教学中理论与实践相结合打好基础。电子信息学院派遣两名刚硕士毕业的新教师到相关企业挂职一年，其中一位教师在挂职期间为企业完成了一项重要的软件开发任务，受到企业的好评和挽留，挂职期满该教师回到学校工作，却保持了与挂职企业的合作。江西赣南师范学院经济管理学院的多名教师身兼多家企业的咨询顾问，常常将企业咨询的问题带到课堂的案例教学中，获得了良好的教学效果。

第二种模式是将企业需要带进来，教师根据服务企业的需要安排学生完成毕业设计。在德国、英国和澳大利亚等国，应用型大学的学生不必撰写毕业论文，但必须完成毕业设计。毕业设计必须解决实际的生产问题，所以一般由合作企业根据实际的生产经营活动遇到的问题提出。设计成果不仅要出图纸而且要出样机或样品，并且学生要参与安装、加工、调试。毕业设计包括从选题到完成样机、样品的全过程，保证了设计成果的可行性，做到了设计—工艺的一致性，对培养学生的独立工作能力，使之成为应用型工程师非常有利，其设计成果一般都能被生产企业所应用。这是教学与科研、服务的完美结合，既完成了对学生的教学过程，又形成了新的应用型研究成果，同时顺利实现了研究成果的产业化，为企业提供了新产品开发的服务。

我国很多工科类院校也在实践和探索毕业设计（论文）与企业需求结合的道路。据称，重庆文理学院工科类专业的毕业论文选题来自企业，并在企业完成的达到50%。调研中笔者发现，上海电机学院非常重视本科毕业论文选题与企业的合作，其工科类专业毕业设计（论文）选题中，半数以上来自企业。

四、我国高校校企合作的现状及存在的问题

通过对我国不同地区的一些高校的调研，笔者欣喜地发现大多数高校都认识到了校企合作在应用型人才培养中的重要性，并且在实践中大胆地进行了多种尝试。但是由于无论在教学上还是在行政管理上保守思想仍然起着支配作用，又缺乏有效的制度支持，我国高校的校企合作尚处于探索阶段，学校与企业间的深度合作尚未形成，与德国应用型大学的基于工作的学习（work-based study）还有相当大的差距。

（一）在企业开展的实习实训难以满足应用型人才培养的要求

虽然高校都非常重视实习实训这一实践教学环节，也多方联系并积极利用各种有利条件，建立了不少的企业实训基地，但是能够成规模接纳实训学生的企业不多。

1. 在企业进行实习的时间不够

德国应用科技大学的第一个实习学期安排在专业学习和专长学习之间，即第3学期，使学生在理论学习的基础上，得以拓宽技能和能力，同时对职业有一定了解，获得一定的职业常识；第二个实习学期则安排在第7或第8学期进行，要求学生到企业从事本专业工程技术人员的工作，并进行毕业设计。这样在企业实

习实训的时间总长度为一年。

在我国传统的本科高校的教学计划中，学生一般只安排一次在企业的实习，大多安排在最后一个学期，以毕业实习的形式进行，一般为时4～6周。在调查中，我们发现上海电机学院积极发挥其隶属上海电气集团的优势，创造各种条件安排落实企业实习实训。该校在教学计划的安排中，为各专业学生提供最少两次到企业实习或实训的机会。一般在第一学期安排一周时间的入学见习，主要目的是让新生通过参观相关企业了解本专业的职业性质。一周内安排四、五家企业让学生参观，增强感性认识。在第八学期安排毕业实习，为期6周，如果毕业设计的选题来自企业，则可以通过实习期间在企业调研搜集资料。然后学生回到学校进行毕业设计或毕业论文的写作。

两次到企业实习实训的教学安排有效地增强了学生与职业之间的联系，尤其是第一个见习期的设计有利于学生加深对职业性质、技术岗位的总体了解，是一种比较先进和有效的实践教学安排。但是，由于资源有限，这一见习期的时间比较短。从实习安排的时机看，一入学就进行见习，缺乏必要的基础知识，只能是走马观花，无法像德国应用科技大学的学生那样可以通过第一个实习学期掌握本专业基础工程技能，了解企业生产和管理的过程。从总的实习实训时间看，我国应用型高校整个大学四年的实习时间加起来也不到一个学期，与德国应用科技大学整整一年的实习安排相比，还是有很大差距的。

2. 实习内容以参观为主，学生很少能得到动手操作的机会

虽然学校非常重视生产实习，学生也非常希望获得实际工作的经验，但是很多企业不愿意拨出专门的技术人员和生产设备来安排实习生进行生产性操作。由于我国的合作企业并无德国"教育企业"的身份，它们对学生实践能力的培养并不承担义务，因此学校深感无奈，只能退而求其次，通过在学校建立工程中心或者建立仿真环境下的模拟实验室来提供学生动手实践的机会。

3. 企业很少提供劳务报酬

由于学生到企业实习很少能够在第一线进行生产性操作，没有机会为企业创造价值，因此企业不可能付报酬给实习学生。相反，由于影响了企业的正常生产秩序，学校反而要向企业支付实习费用。因此这种实习没能够实现教学与服务的结合。

4. 在企业进行毕业实习难以有组织成规模地开展开发

能够成规模实习的合作企业对高校是一大挑战。联系实习单位对高校的教学管理部门来说，是一个比较重的负担。即便企业同意接受毕业实习的学生，限于规模，也很难一次性成规模地接受一批学生进行实习。高校与行业主管部门脱钩之后，不少高校难以获得足够的企业资源，只能要求学生自行联系实习单位，分散的实习活动的组织管理、与教学内容的衔接、实习效果的评估都难以有效开展。

依托上海电气集团的资源优势，上海电机学院电气学院的毕业实习基本上能够由学校组织，相对成规模地在对口企业和岗位上进行，其中接受学生实习的主体正是上海电气集团的下属企业。2008年电气工程及其自动化（专升本）专业30人中，8人在上海汽轮机有限公司实习、9人在上海汽轮机发电设备有限公司实习、5人在上海锅炉厂有限公司实习、6人在上海电气集团风力发电设备有限公司实习，另有2人在上海航天设备制造总厂实习。

相对来说，工科类专业较容易落实集中实习，文科和经管类专业则难以集中实习。该校当年的经管类专业43名毕业生分散在30家单位实习，最集中的上海昕畅国际货物运输有限公司也只容纳了4名学生，与该校同属上海电气集团的上海电气国际经济贸易有限公司也只接收了3名毕业生，大部分学生通过各种社会关系自行联系了实习单位并作为他们预就业的途径。电子信息专业18位学生则分布于12个实习单位。

学生自己联系的分散实习往往不能很好地达到实践教学的目的。以上海电机学院国际贸易专业为例。该专业将电气产品贸易作为该校管理类人才培养的特色，在教学计划中特别添加了电气类的基础课程，其目的是为集团培养电气专业方向的营销和贸易人才。但是作为人才培养的重要阶段之一，毕业实习却比较分散，大部分学生通过各种社会关系自行联系了实习单位并作为他们预就业的途径，其中少有学生从事电气产品销售。由学校安排到上海电气国际经济贸易有限公司的实习生只有3人，这样就不能很好地实现学校预定的人才培养特色。

（二）毕业设计（论文）与企业需求的结合尚待加强

高校人才培养的关键环节之一是毕业设计（论文）。作为高校，毕业设计（论文）应该体现出与学术型高校完全不同的特点与风格。学术型高校的毕业设计（论文）重视知识的创造和科学技术的创新，而应用型高校的毕业设计（论文）则强调对知识的应用以及将新技术转化为产品，聚焦于解决生产环节中的实际技术问题。这就要求毕业设计的选题与企业的需求相结合。

德国应用科技大学的毕业实习要求结合毕业设计进行。其基本过程是：学生先到企业申请课题，与企业签订承担或参与项目的合同，然后通过设计、加工、安装、调试等一条龙锻炼，完成实习与相关的毕业设计。学生各有一个企业和学校的指导教师，毕业设计的答辩由企业和学校的代表共同组织。

调研中我们发现，我国一部分应用型高校已经认识到这个问题的重要性，但是大部分高校还很难做到这一点。

上海电机学院非常重视毕业设计（论文）环节，要求尽可能结合生产和科研单位的实际任务选择课题。学校颁发了一系列文件加强对这一工作的管理，从选题、指导教师的审核与认定、毕业设计场地的安排到毕业论文答辩都进行了严格的管理和质量控制，并对毕业设计全过程进行追踪管理。各学院也多方联系并利用自己与电气集团下属企业的良好关系，要求尽量将毕业设计与企业实践相结合，经过努力取得了相当的成效。

这也彰显了行业高校的巨大优势。上海电机学院隶属于上海电气集团，这种行政隶属关系有利于其人员及其他资源的共享和互利，该校的电气工程及其自动化专业与上海电气集团下属的企业对口紧密，因此占有先天的优势。同为工科类专业，该校的电气工程及其自动化专业能够从企业获得毕业设计（论文）选题的机会远远多于计算机科学与技术专业。在2008届毕业生中，有9人的毕业设计（论文）的选题来自上海电气集团风力发电设备有限公司，主要围绕与风力发电机有关的各种技术问题展开，包括风力发电机的控制系统、变浆系统、液压系统、偏航系统、变频器系统及风力发电机的故障处理与排除等。其中6人的毕业设计（论文）工作完全在该公司完成，除了学校的论文指导教师以外，风力发电设备有限公司给他们分别配备了一名高级技术人员指导其论文设计。当然，在这种可喜的变化中，依然可以看到尚有不能尽如人意之处。

1. 专业间差异巨大

工科类专业具有先天的优势，而经管类专业则很困难。

从调查资料来看，该校的工科类专业的毕业设计（论文）选题来自企业的比例明显高于经管类。2007届毕业生中，电气工程及其自动化专业21人中有12人的毕业设计选题来自企业，同期的国际经济与贸易专业则没有来自企业的选题。2008届毕业生中后者的情况虽有所好转，但是仍然不到全部毕业生的10%，而前者则超过50%的毕业设计（论文）选题来自企业。

2. 与企业合作指导毕业设计（论文）未能够制度化，规模受到限制

调研中我们发现，来自企业的毕业设计（论文）选题往往集中在某些教师指导的学生中。这些教师一般具有企业背景，或与有关企业有某些合作关系，因此密切关注企业需要解决的技术问题，并掌握相关信息，能够给学生提供这样一些有实际生产价值的选题。而在一个学校里，这样的教师总是数量有限，他们个人能够从企业获得的信息和选题也有限，随着扩招和学校的发展，如此有限的资源难以满足毕业生数量增加所带来的需求。因此，急需建立学校层面与企业间的密切合作伙伴关系，并将校企合作指导毕业设计（论文）的工作制度化。

3. 完成毕业设计（论文）的地点基本上在学校而非企业

调研中，我们发现即使是来自企业的毕业设计选题，其完成地点也大多在学校的实训中心。其原因在于，一方面，实习时间有限，一般本科高校的毕业实习时间只安排几周，只够学生搜集相关资料；另一方面，企业难以提供完成毕业设

计（论文）所需要的实验设备、原材料及充足的指导。因此学生最后还是回到学校的实验室进行毕业设计及制作。

4. 即使在工科类专业，来自企业的毕业设计选题也往往很难在企业中得到实际应用

通过对一些毕业设计指导教师的访谈我们发现，来自企业的毕业设计（论文）选题很少由企业主动提出，要求学生通过毕业设计来解决其生产中的问题。大多数是教师通过与企业界朋友的关系，了解到企业急需解决的（有些是已经解决了的）技术问题，挑选出认为适合该专业学生水平的、分解成毕业设计的选题，让学生选择并指导学生完成。指导教师和企业认为毕业生的技术水平有限，其毕业设计还达不到满足企业实际需要的水平。因此，学生完成的毕业设计难以真正被企业采用，指导教师认为理想的状况也只是学生的设计中有一些灵感可以提供给企业借鉴。这种毕业设计显然还不能达到教学、科研与服务结合的目的。

（三）校企合作培养应用型教师遭遇制度障碍

1. 高校教师参与企业实践需要制度保障

虽然高校大都希望教师能够参与实践工作，但是调研中，我们发现学校管理者对于教师将部分工作时间用于企业咨询服务存在思想上的顾虑，口头的鼓励和制度上的限制成为一种矛盾，阻碍了教师对企业实践投入时间和精力。调研中，很多学校对待教师兼职的问题态度不明。一方面院系领导认识到教师到企业兼职有利于实践教学的开展和应用型人才培养目标的实现，但是另一方面学校行政管理部门担心这种现象会导致管理混乱。有的学校出于规范管理的立场明令禁止教师用非法定假日在企业兼职，有的学校则不做规定，既不支持也不反对。教师们对此颇感困惑。

这种顾虑和矛盾在 20 世纪早期的美国高校中也广泛存在，并引起很大的争议。最终从麻省理工学院诞生了一种"每周一天"的制度，将教授参与公司咨询的活动合法化，即高校规定教师每周可以有一天的自由支配时间去企业兼职。这种制度目前已经在美国大学界普遍实行。

可见，学校的管理制度应该适应形势的变化，为学校的发展目标服务，而不是仅仅考虑管理者的方便。调研中，我们发现北京联合大学应用文理学院正在尝试制定相关制度，鼓励年轻教师在企业兼职及将其在企业的工作关系转化为教学资源，从目前的情况看，这项制度取得了一定的效果。

2.建设双结构型教师队伍需要制度创新

培养应用型人才必须有应用型的师资队伍，将高校教师派到企业去挂职或者兼职只是建设应用型师资队伍的方式之一。应用型高校必须有一批来自企业的高水平的工程技术人员担任实践教学工作。来自企业的教师不仅具有较扎实的专业知识、丰富的实践经验，而且能够把企业的生产、经营、管理及技术改进方面的最新情况与教学内容紧密及时地结合起来，真正体现理论联系实际，使得学生能够学以致用。能够将企业工作的经验与一定的理论素养和学术能力有机结合起来的教师当然是首选，如德国应用科技大学的教师必须具有5年以上的企业实际工作经历，在这一类大学发展的初期，并不要求具备博士学位才可以担任教授，但现在也要求教授必须具有博士学位。

在我国的现实情况下，担任应用型高校教学工作的大多是从高校毕业的博士或硕士（其中很多是从研究型高校毕业的），这些人极少有几年的企业实际工作的经历。要求在一个教师身上同时具有实际工作经验和较高的学术水平，在我国目前来看是不现实的。因此一些应用型高校提出通过两条途径分别引进不同能力素质的教师，将其整合起来打造兼具学术能力和技术能力的教师队伍。如上海电机学院提出要打造学术与企业工作背景并重的"双结构型"师资队伍，在"十二五"规划中，他们提出要积极探索现代大学人事管理制度，建设师资队伍的"四个一工程"，其中就包括拥有一批"工程背景深厚、实践经验丰富的工程技术人才"。

（四）校企合作有效开展的阻碍因素

我国高校的校企合作难以广泛和深入地开展，阻碍因素同时存在于企业、学校和政府三方。

首先，我国的企业不承担教育的责任，接受高校学生的毕业实习并非其义务。接收学生实训，难免占用企业的生产设备、材料和人员，影响正常的生产进度。同时企业看不到校企合作培养应用技术型人才对企业有什么利益和好处，因此普遍对接受大学生实习实训抱有一种抵触与逃避的态度。另外，企业承担毕业实习的指导工作，缺乏相应的保障措施和补偿条款，企业担心学生出事故，害怕承担风险。

在这方面，德国以法律形式保障校企合作的经验值得借鉴。1996年德国科学委员会通过《对应用科技大学双轨制改革的建议》的决议，决议中首次承认企业也是应用科技大学的学习地点，在企业中学习是应用科技大学学习整体不可缺少的组成部分。

在德国，企业参与工程师后备力量的培养既是一种义务也是一种荣誉。一方面，能够成为教育企业，虽然需要付出一定的人力和物力资源，但它说明了国家和社会对该企业资质与实力的认可，企业非常重视从中得到的无形资产。另一方面，随着科学技术的提高和生产方式的转变，德国企业对工程和技术人员的要求也越来越高。企业既可以通过接收实习生扩大影响，又可以在实习生中物色高水平人才。成为应用科技大学学习地点的企业可以占有优先考查学生各方面的素质和能力、优先引导大学生认同本企业文化的优势，从而在人力资源竞争中占有优势。

其次，有些高校对校企合作的重要性认识不足。一些新建本科高校在升本时提出培养应用型人才，一段时间以后就开始转变办学思路，向研究型高校看齐，放弃应用型高校的定位而向多学科综合大学发展。这样工作重心就由应用型人才培养转向学科建设、科研指标提升，对校企合作的制度性建设的积极性不够。

最后，政府未能在学校与企业间发挥积极的协调中介作用。在以前行业办学阶段，主管部门以行政命令手段要求国企接收实习生。政企分开后，政府对企业失去了约束力；企业对实习生的实际操作能力没有信心，不敢将生产任务交给他们，出于经济效益考虑，不愿花费时间和场地提供实习机会；而高校尽管强调理论教学与实践教学相结合，但是通过实验室和工程训练中心培养出的学生并不具备在生产一线直接为企业创造财富的能力，因此学校没有对等的资源与企业交换，只好缴纳一定的实习费给企业以换取学生实习的机会。

目前，我国教育管理部门对所有高校还是采用统一的制度进行管理，没能根据不同类型高校的性质进行分类管理。从专业设置、教师评聘到教学评估等各个环节，都急需出台适应高校的特殊政策。

五、国家政策导向及其实施

在《国家中长期教育改革和发展规划纲要（2010—2020）》中，首次正式提出"重点扩大应用型、复合型、技能型人才培养规模"，并具体要求"探索高等学校与行业、企业密切合作共建的模式"，"支持建设一批高等学校产学研基地"，要求实施"卓越工程师教育培养计划"。

（一）"卓越工程师教育培养计划"简介

"卓越工程师教育培养计划"（简称"卓越计划"），是贯彻落实《国家中长期教育改革和发展规划纲要（2010—2020年）》和《国家中长期人才发展规划纲要（2010—2020年）》的重大改革项目。

在高校教育中，首先试点改革的是工程技术类的专业。截至2010年，我国开设工科专业的本科高校有1003所，占本科高校总数的90%；高等工程教育的本科在校生达到371万人，研究生有47万人。为促进高等教育面向社会需求培养人才，全面提高工程教育人才培养质量，2010年开始，教育部高等教育司与中国工程院联合开展"卓越工程师教育培养计划"，以期对我国的工科高等教育起到示范和引导作用。这项计划的实施期限为2010—2020年，要求参与计划的全日制工科本科生达到10%的比例。可以预见，这项计划的顺利实施将对我国应用型工科人才培养的模式产生革命性的影响。

（二）"卓越工程师教育培养计划"的核心是校企合作

"卓越工程师教育培养计划"具有三个特点：一是行业企业深度参与培养过

程；二是学校按通用标准和行业标准培养工程人才；三是强化培养学生的工程能力和创新能力。这三个特点都离不开高校与企业的深度合作。可见，该计划的核心正是校企合作进行工程技术教育。

（1）在"卓越工程师教育培养计划"的指导思想中明确提出树立"主动服务行业企业需求的观念"，要求改革和创新工程教育人才培养模式，创立高校与行业企业联合培养人才的新机制。

（2）"卓越工程师教育培养计划"的总体思路是在总结我国工程教育历史成就和借鉴先进国家成功经验的基础上，以走中国特色新型工业化道路为契机，以行业企业需求为导向，以工程实际为背景，以工程技术为主线，通过密切高校和行业企业的合作、制定人才培养标准、改革人才培养模式、建设高水平工程教育师资队伍，扩大对外开放，着力提升学生的过程素养，着力培养学生的工程实践能力、工程设计能力和过程创新能力。

（3）"卓越工程师教育培养计划"提出了五项重点任务，其中前三项任务都落脚于校企合作。

第一项重点任务就是"创立高校与行业企业联合培养人才的新机制"，要求建立行业指导、校企联合的"卓越工程师教育培养计划"实施机制。建立"卓越工程师教育培养计划"校企合作人才培养机制，共同制定培养目标，共同建设课程体系和教学内容，共同实施培养过程，共同评价培养质量，并要求研究制定相关政策，探索建立中国特色社会主义市场经济条件下的大学生实习制度。

第二项重点任务"创新工程教育的人才培养模式"，提出将学生的学习分为在学校学习和在企业学习两个阶段。本科及以上层次学生要有一年左右的时间在企业学习，在企业学习的阶段主要是学习企业的先进技术和先进文化，深入开展过程实践活动，结合生产实际做毕业设计，参与企业技术创新和工程开发，培养学生的职业精神和职业道德。

第三项重点任务"建设高水平工程教育师资队伍"，要求高校要建设一支具有一定工程经历的高水平专兼职教师队伍。其中专职教师要有计划地参与企业实际工程项目或研发项目，部分教师要具备一定年限的企业工作经历。教育部要求参与高校有计划地选送教师到企业工作 1~2 年，积累工程实践经验。同时要求高校从企业聘请工程实践经验丰富的技术人员担任兼职教师，承担专业课程教学任务，或者担任本科生、研究生的联合导师，承担培养学生、指导毕业设计等任务。

（4）"卓越工程师教育培养计划"从师资、实践教学、科研、安全保障等方面，对参与计划的企业提出了一些具体要求。要求企业配备经验丰富的工程师担任学生在企业学习阶段的指导教师，并要求高级工程师为学生开设专业课程。要求企业根据校企联合培养方案，落实学生在企业学习期间的各项教学安排，提供实训、实习的场所与设备。安排学生实际动手操作。在条件允许的情况下，接受学生参与企业技术创新与工程开发。要求企业与高校共同安排好学生在企业学习期间的生活，提供充分的安全保护与劳动保护设备，对学生进行专门的安全、保密、知识产权保护等教育。

作为示范，"卓越工程师教育培养计划"还要求多部门联合择优认定一批学生在企业学习阶段管理规范、保障有力、效果良好的大型企业，设立国家级和省级"工程实践教育中心"，承担学生在企业学习阶段的管理和培养任务。工程实践教育中心应由企业主要管理人员负责。其任务是与高校共同制定培养目标，共同建设课程体系和教学内容，共同实施培养过程，共同评价培养质量；承担学生在企业学习期间的各项管理工作。

（5）为保障企业参与校企合作的积极性，打消其顾虑，"卓越工程师教育培养计划"还提出要制定鼓励企业参与合作培养应用型人才的政策。其中包括财税优惠政策、学生实习安全责任事故处理政策、企业工程师承担高校培养任务的鼓励政策、企业工程师接受继续教育的政策及企业享有学生优先录用权的政策，等等。

无论是从应用型人才培养的规格要求，还是从国外应用型人才培养的成功经验来看，我国高校都必须将校企合作培养人才的模式作为改革的方向。在《国家中长期教育改革和发展规划纲要（2010—2020）》的精神指导下，已经启动的"卓越工程师教育培养计划"作为改革的试点和先锋,其有力的激励与保障措施及有针对性的政策调整,将刺激高校和企业合作培养人才的积极性,鼓励并引导校企之间形成合作培养应用型人才的良好机制。我们期待该计划的成功实施能够发挥示范效应,并从工科教育扩展到其他科类,引导高校通过校企合作培养符合社会需求的应用型人才。

第四章　高校教育教学的策略创新

第一节　高校教育教学课程创新

一、创新课程理念，加强课程的人本性建设

当今的时代是充满竞争的时代，核心的竞争是人才的竞争。人才的成长主要靠教育，教育在人类生活中的重要性也越来越被人们所了解。1993年，中共中央国务院在《中国教育改革和发展纲要》中指出："当今世界政治风云变幻，国际竞争日趋激烈，科学技术发展迅速。世界范围的经济竞争、综合国力竞争，实际上是科学技术的竞争和民族素质的竞争。从这个意义上说，谁掌握了21世纪的教育，谁就能在21世纪的国际竞争中处于战略主动地位。"

教育应该把人的发展放在第一位。21世纪，整个社会所需要的人才是智慧型、复合型、创造型的人才，要求培养高素质、高能力、高水平的人才和数以亿计的一般人才，而不是单纯的传统的知识型人才。美国著名未来教育学家沙恩指出："我们的学生在未来要经历两次大浪潮，即微电子技术浪潮和信息预测浪潮，以信息为依据的预测和智慧，将变得比知道如何获得信息更为重要。"所以说，智慧比知识更为重要。21世纪的人才应该具有合理的知识结构和充分的智能，具有创新精神和创新能力、事业心、开拓精神和合作精神，具有高尚的人格和优秀的个性品质。21世纪，人的发展是最为重要的，课程理念应该改变，把人（学生和教师）的发展提到核心地位予以认识和宣扬，树立"人本理念""人的发展"代替以前的"学科本位""知识本位"的提法，应强调学习过程中的"态度""价值观""兴趣和经验"及"实践能力"等。

课程的发展变革应该为教育目的服务。高校课程理念、课程体系价值取向应该以人的发展需要为基础，要建立新的课程体制，统一、单调、固定的课程设置为灵活多样的、既有理论又有实践的课程设置。在课程中，要坚持以人为本，并充分利用多媒体进行形象化教学，要从强调内容向强调过程转变，从强调积累知识向强调发现、重视创造、发展能力、形成素质转变。以学生的发展为本，培养创新精神和实践能力为课程理念是时代的要求。加强课程的人本性，建设以人为本的课程体系具体可以从以下方面入手：

（一）符合人的认知规律，重视知识的逻辑顺序和层次结构

教育的目的性和计划性首先体现在课程的设置和编排之中。课程设置和编排的基础，是对知识结构的规划和设计。因为，人的发展的各个方面，都是以"知"为起点的，智力、能力、技能、技巧也好，情感、兴趣、态度、动机、意志也好，理想、信念、道德和审美观也好，都离不开"知"，都要从"知"开始。科学的世界观的形成，更离不开知识和经验，离不开一个人对客观世界和人的主观世界的系统认识。课程的设计和编排就是要着眼于形成学生的某种知识结构，以此作为学生全面发展的知识基础。

按照认知心理学家的看法，认知结构是由知识内化形成的。它不是简单的记忆和接受的结果，是经过了思维的创造性加工改造，并形成了相应的智力技能、操作技能和行为习惯。那么，教材要选取什么材料才能塑造学生的合理的结构呢？奥苏贝尔认为，首先必须找出那些决定学科基本结构的"强有力的观念"，确定学科中特定的组织和解释性原理。用布鲁纳的话说，就是要重视学科的基本结构。

课程设计中之所以要强调学科的基本结构，是由于学科基本结构对学生的学习具有特殊的心理学意义。第一，掌握学科的基本结构有利于学生理解学科的内容。在新异的学习情境中，通过由一般概念原理到具体内容的演绎性教学模式获取新知识比归纳获取新知识要省时、省力。学生认知结构中一旦有概括水平高于

新知识的原有固定观念，新观念和新信息的获取与保持才最有成效。第二，掌握学科的基本结构有助于学生记忆的保持与检索。人类记忆的主要任务不在于贮存而在于检索。只有把一个个材料放进"构造得很好的模式"里，材料才能因得到简化而拥有"再生"的特征，学生一旦掌握了学科的基本概念，就能简化信息，减轻记忆负担，并产生新命题，推演出大量新知识。第三，掌握学科的基本结构有利于学习的迁移。学科的观念越是基本，几乎归结为定义，则这些观念对新问题的适用性就越广，越有利于后续学习。

确定学科的基本结构，必须考虑学生的学习准备。这是知识的准备，更重要的是认知发展的准备，即由一般认识成熟程度决定的学生从事新的学习和一定范围的智力活动所应具备的认知功能的基本发展水平。

布鲁纳虽然宣称可以将任何事物以适当的方式教给任何年龄阶段的任何人，但他同时也十分重视学习的准备。他认为，如果过早地将不适当的知识结构教给学生，超越了他们认知发展的水平，学生的认知结构就会"闭合"，反而不利于他们今后获得更适当的学科知识结构。因此，课程的选择和编排既要符合教学规律，又要体现大学生身心发展特征，即按照一定的程序将完整的知识提供给学生以保证教学的系统性和循序性，又按大学生的年龄特征来筛选课程以保证学习的量力性和可塑性。学科内容的体系是学生学习该门课程的逻辑线索，应以有关科学的体系为基础，处理好课程关系的"四个性"：

①理顺课程的承续性（先行或后续课程）；
②注意课程内容的过渡性；
③重视课程结构的整体性；
④实现关键课程的不断线。

同时，教学是特殊的认识过程，教学规律必须符合学生的认知规律。古人言"欲速则不达"，课程偏多或偏少、过难或过易、"吃不了"或"吃不饱"，均会影响学生的发展，导致达不到教育的目的。大学生属于"中晚期青年"，身心发展趋于成熟但尚未成熟，具备了掌握系统科学知识的充分条件，且可塑性强。因此，课程设置的起点要适当,台阶要小,每学期课程门数要安排适当,不宜过多,主要理论课的门数和时间不要过分集中,要给学生自学和独立思考留出足够的时间和空间。

(二)符合人的个性发展规律,设计个性化培养的课程体系

课程设计的实质是设计学生的学习活动,其最终目标是促进学生个性和谐而充分地发展。在学校教育中,学生个性发展的全面性取决于学生学习活动类型的完整性。课程设计要实现其最终目标,就必须遵循功能完备原则,即将人类活动的各种基本类型完整地纳入学生的学习活动体系,以促进学生个性的整体发展。

高校教育的课程设计,既要遵循这一原则,也要和自己的专业教育相适应,如何将自己的学科、专业范围内的知识结构展现给学生,让学生根据自己的特长爱好选择自己的发展方向,是个性化培养的一个前提。

个性化课程组织强调个别发展,以学生的需要、兴趣和目的来进行课程的组织。它有两个特征:一是以个别学生而不是以内容为其组织的线索;二是不预先计划,而是随教师和学生一起进行教学任务(常常称为"生长")而演化形成的。这种组织主要有以下三个特征:

第一,课程的结构由学习者的兴趣和需要来决定。这意味着是学习者自己直接感觉到需要和兴趣,而不是由设计者来考虑学生需要什么或他们的兴趣应当是什么。

第二,只有当教师和学生一起确定追求的目标,规定查阅的资料、计划实施的活动及安排评定的程序时,课程组织才会形成。

第三,把重点放在所学习问题的解决过程上。追求兴趣的过程中,碰到某些必须解决的困难和障碍构成真正的、学生渴望接受挑战的问题。

这种课程培养学生的个别差异,强调的是解决问题的活动,我国高校教育的课程改革,曾经有过"产品带教学"的经历,但这种形式绝不是个性化教学的形式。要探索个性化教学的新模式,也不能照搬上述的组织形式,因为它已被国外教育实践证明是失败的,但是这种思想是值得借鉴的,摆在高校教育课程设计者

面前的问题是如何利用这一思想来设计出符合大学生学习特征的个性化课程，这既是高校教育课程改革中的问题，也是改革的方向、奋斗的目标。

（三）符合人的社会发展特征来组织课程

在高校教育过程中，人是高校教育实施的对象。大学生的发展包括身心两方面的发展，它受到遗传和环境两大因素的制约，高校教育作为一种特殊的环境因素，在人的身心发展中起到主导作用。高校教育活动主要就是指培养和发展一个人全部潜能的过程，即把一个人在体力、智力、情绪、道德等各方面的因素综合起来，使他成为一个具有良好素质，在某些方面具备特长，身心得到全面发展的人。高校教育要达到其目的并体现其功能和价值，其活动就必须遵循受教育者——大学生的身心发展特征和德、智、体、美等全面发展要求来进行。根据大学生的智力、体力及个性发展的水平和特点，结合大学生的个性差异，使大学生获得更多、更广的知识的同时，更要全面培养大学生的思维能力和独立地获取知识的能力，培养他们科学的世界观、方法论及崇高的理想和信念，使他们坚持社会主义的正确方向。

课程应该引导学生认识社会。社会如同一面多棱镜，不同的视角有不同的结果，社会的发展是动态的，不同的发展时期有不同的特征。高校教育要引导学生去正确认识、把握这些特征。教育学生懂得科技化知识是远远不够的，社会需要全面发展的人才，如理工科大学生不仅需要科学素养、工程素养，而且还需要人文素养。理工科人才面对具体的工程项目，考虑的不能仅是技术问题，必须考虑到社会多方面的因素，进行价值判断。在作可行性报告时，要考虑到特定的地理人文经济因素。产品设计不仅要经济实用，而且要满足人的审美情趣和心理特征（建筑设计还要考虑到历史文化因素）。理工科学生还应具备社会责任心，能够想到他们所从事的工作对自然、对社会的影响，并由此做出正确的判断。这对课程构成提出了要求，不仅要开设科学课程，而且还要开设工程课程、文化课程。

课程应该引导学生适应社会。社会的发展不以个人意志为转移，课程的变化、发展要与之相适应，课程的设置既要保证各自的学科性，还要有相当的灵活性，如现阶段，开设创业教育课。另外，要重视建设适应性课程，适应性课程的特点就是课程本身具有适应变化的能力，采纳以未来为导向的动态的学习材料，取代传统课程中以过去为指向的静态的学习材料。

有学者提出适应性课程体系由配套的四部分组成：数据书、阅读书、核心课本、教师参考书。适应性课程不仅有助于保持课程的相对稳定性，形成学生一定的思想方法，同时其灵活的组织方式和对学生的独立探究过程的强调也有助于随时纳入新的信息与材料，向新思想、新观点开放，从而促使学生在掌握文化发展规律的基础上了解历史，立足现实，适应社会。

课程应该引导学生融入社会。高校课程在加强学生专业基础理论课程教学的同时，必须根据社会发展、科技进步、生产方式变革的动向，或让学生深入社会和生产部门，以丰富社会经验，学习并应用实际知识，或让学生通过自主的科研活动加深与实践的结合。理论与实践的关系在不同的专业会有不同的要求。理、工、农、医各专业要获得实验、实习、计算机应用、绘图和某些必要的工艺及有关现代技术的训练；文科类专业要获得阅读、写作、资料积累、文献检索、调查研究、使用工具书等方面的训练；艺体类专业、师范类专业要加强专业技能的实践训练。因此，从某种意义上说，在大学教育中，理论课程是引导学生向学科纵深发展的基础，实践课程则是引导学生融入社会的敲门砖。

二、创新高校教育课程理论体系的研究与构建

（一）高校教育课程理论研究现状

对我国高校教育课程建设状态的研究，不同的学者有不同的观点。王伟廉教授从课程研究的角度叙述了课程研究的历程，他将我国高校课程研究划分为四个阶段。第一个阶段是从20世纪50年代中期调整到20世纪60年代中期，基本上是以经验指导教学工作的，此阶段称为"经验主导阶段"。从1978年到20世纪80年代末，是高校课程和教学理论发展的第二阶段。开始把高校课程与教学作为一个独立的领域进行探索。这一阶段也开始了对教育思想、专业设置、课程

编制及课程与教学评价等前一阶段比较忽视的方面进行了研究。虽然研究成果比较零星，但反映出我国高教界已开始对课程研究领域具有了"自我意识"，可以称为"理论探索阶段"。从20世纪80年代末到1997年，是我国高校课程与教学领域研究的第三阶段。这一阶段产生出一批比较系统的专著和文献。其中有些专著对这一领域的基本理论和研究范畴进行了总结，并逐步建立起了这一领域的有关理论的系统。可以认为，这一阶段是高校课程研究领域的"理论初建阶段"。1997年以后为第四阶段。其他学者也有不同的分法，但事实依据基本相似。

多年来，对高校课程理论的研究主要表现在三方面：一是专业设置研究如何进行专业设置？或怎样的专业设置才是健全有效的？曾昭伦认为，按国家建设需要，确定专业的设置，并以专业为基础做有计划的招生。每种专业，各有一套具体的教学计划。各个专业的教学计划中，所列各种课程都是必修，没有一样是选修科目。中国的经济走向计划化，必须有计划性的教育与之相配合，使建设所需人才在质与量上得到及时供应。有论者总结了专业教育的两种模式及其发展趋势：通才模式和专才教育模式。通才模式专业设置在第二层（相当于二级学科），甚至在第一层次上，其下一般不再设第三层次的专业，口径较大。培养的人才缺乏职业性针对性，但有广泛的适应性。专才模式专业主要设在第三层次上，口径较窄，一般都与具体的分支学科、职业和产品对口，培养的是现成专家。二是课程体系问题无论是专业教学计划的编写，还是教学大纲、课程内容的处理，核心问题都是要研究出合理的结构，课程体系主要集中的问题为基础课程与专业课程的关系及必修与选修课程的关系。三是课程综合化问题，指出课程综合化的内涵，也指出了课程综合化的成因。

（二）高校教育课程理论体系的研究与构建

在课程界，对课程理论的研究及理论体系的建立是一项长期而艰苦的工作，因为不同的哲学思想会导致不同的课程理论。在课程史上，曾有以泰勒为代表的科学课程理论（也称理性课程理论），以施瓦布为代表的自然主义课程理论和以后现代思想为主导的激进课程理论及解释学课程理论、审美的课程理论等，但从没有某种理论能有"一统天下"之功效,这种百家争鸣的局面似乎表明课程理论尚未成熟。

在高校教育界,人们关心课程理论的进展,但更关注课程理论对应用研究的作用,即如何用这些已有理论来指导高校教育课程理论或课程体系的建立,脱离纯理论研究的羁绊,一般认为大学课程理论体系是由多个方面的内容组成的。它包括培养目标与规格的变化、课程政策的调整、课程结构的构建、课程建设标准的制定、课程资源的开发与利用、评价体系的建立、教师教育及制度创新等,是一个由课程建设所牵动的整个高校教育的全面建设,是一个系统,需要教育行政部门、科研机构、高校(其中教师是最为关键的因素)等的共同参与和完成。它牵涉到高校教育整体和各个局部的关键领域,受到课程内部和外部、宏观与微观等多方面因素的制约,其成功与否取决于诸多因素本身的质量水平及其构成。

课程是为培养目标服务的,课程建设必须服从于培养目标。因此,对培养目标的研究与解释,应该是课程理论建设中不可忽视的问题。但是,由于培养目标一般是由学校(或学科、专业)制定,它充满了个性色彩,不宜一概而论,但是对人才的规格问题,在我国高教界都充满了共性。中华人民共和国成立后,本科教育主要是以专才为其培养规格。人们现在普遍对过去的专才目标持批评态度,但并未形而上学地完全否定,只是强调要在通才教育的基础上进行专业教育或通才教育要与专业教育相结合。如陈岱孙认为,我们的高等院校所培养的人才,应该是在广厚的知识基础上具有专深研究能力的人才。杨志坚认为,要在通才教育的基础上进行专才教育。李曼丽认为,要去除高校教育过分专业化的弊端,就应该在高等本科教育中实行通识教育和专业教育相结合的教育模式。值得注意的是,自 20 世纪 90 年代中期以后,不少高等学校在考虑本科教育培养目标定位问题时,都极力回避使用"通才"或"专才"概念,更多地提介于两者之间的复合型人才概念。

课程政策是指国家教育行政主管部门在一定社会秩序和教育范围内,为了调整课程权力的不同需要,调控课程运行的目标和方式而制定的行动纲领和准则,它的重点在于解决"由谁决定我们的课程"或者课程权力的分配问题。它的构成要素主要有三个：第一，课程政策目标，它是课程政策三大要素中最重要的要素，反映政策的方向、目的和所要解决的课程问题。第二，课程政策载体（手段和工具），这是三大要素中的主体，它有保证实现课程目的作用。第三，课程政策主体，它是课程政策的制定者和执行者。国家课程政策制定就要考虑课程政策目标是什么，目前的形势是什么、什么样的课程政策才更能促进学生的发展？课程政策载体各有什么？并且随着时代的进步，课程政策也要相应变化。

对课程设置和课程结构方面的理论研究，是课程实践者的期待，也是当前比较薄弱的环节，我国高校教育的课程建设总体结构缺乏科学、合理的理论指导，课程间、学科间缺乏有机的融合，课程比例结构有待合理的论证，与课程目标、培养目标的对应也不是很好。当前人们的研究多集中在应用层面上，而且也发现了一些现象，如重工程科学、轻工程实践，重专业、轻综合，重知识、轻能力。理工科院校都非常注重科学理论的教学，实践教学方面不是很强，重点强调学好专业，不注重培养学生的综合能力。注意了课程内容的专业性，忽视了课程的综合性；注意了课程的科学性，忽视了课程的技术性。但是，这些现象在理论层面上表现出的是什么问题，应该用怎样的理论指导来防止这些问题，这正是当前缺乏的和需要研究的问题。目前，我国课程结构基本上是单一的学科课程，普遍存在着重视学科课程，忽视活动课程；重视必修课程，忽视选修课程；重视分科课程，忽视综合课程的现象。这些现象反映出在课程结构研究上理论的匮乏，这些问题都需要课程理论工作者进行不断研究，重新构建一个科学、合理的课程体系。

课程建设标准的制定、课程建设的目的是提高课程的质量。一门课程的质量是受教师的教学水平和学术水平、教学环境和条件、教学方法及效果等诸种因素制约的。进行课程建设，就必须对影响课程教学质量的各个环节提出一定的要求，这就是课程建设的标准。课程建设的标准可以从以下几方面加以考虑：第一，师资队伍。教师是课程教学的组织者与实施者，教师的素质决定课程的教学质量。因此，课程的师资配备从数量上必须达到一定的要求。一门课程应配备两位以上的教师。也就是说，至少有两位教师能讲授该门课程，足够数量的教师可形成梯队，相互促进，有利于开展科学研究、教学改革等。第二，教学条件。教学文件完备、配套，大纲能明确本课程的性质及其在专业教学计划中的地位和作用，阐明本课程的教学目的、基本内容、教学的重点和难点，说明各章节的联系及本课程与先行课、后继课的衔接，合理安排各个教学环节，反映本学科的新成果，能体现培养目标对本门课程的要求。第三，教学方面。每门课程应有相应的教学研究组织，具有健全的管理制度，教学档案齐全，对教学研究、学术交流、师资培训等都能做到有计划、有措施、有总结；严格执行教师考核制度；重视本门课程教学质量的检查；注意经常听取学生的意见，不断改进教学工作。

高校课程理论体系建设是一个系统的工程，除了上述方面外，还应包括课程评价、教师教育及制度的创新等，包括广阔的研究范围和多种多样的研究内容。这里，我们仅提出课程理论建设的几个方面和课程理论或实践中的问题，以表明课程理论建设的重要性和必要性。真正的课程理论体系建设工作，应该是一项任重道远的工作，还有待课程工作者今后的不懈努力。

三、重视学科课程开发的研究与实践

尽管学科课程已经有悠久的历史，人们已经积累了成熟的经验，但是随着科技的发展和人们认识的深化，学科课程的设计仍然需要不断改进。在初等教育中，一门课基本代表一个学科，但在高校教育中（专业教育），代表一个学科的课程则是一组课程或者一个课程群。本书所要讨论的，正是学科课程在高校教育课程中的特殊表现。

（一）学科课程应具有开放性，以形成并容纳跨学科课程

面对当前学科知识既高度分化又高度综合、交叉学科不断涌现、社会需求多样变化的新形势，以培养专才为目的、以专、深为特点的旧的大学课程体系已经无法适应新的挑战。新时期的课程体系必须克服以往课程体系的弱点，在课程组合上，一方面要强化基础理论课程，增大学科知识中那些较稳定、持久部分的比

重，使这些基础知识成为学生构建其认知结构的平台，为学生的终身学习和进一步的深入研究打下牢固的理论基础。另一方面，要淡化学科壁垒，有意横向延伸，向边缘学科或跨学科方向发展。如在设置公共基础课、学科基础课和专业基础课的基础之上，多设置一些综合性、边缘性交叉学科甚至跨学科的选修课程，以适应高校教育培养目标多元化及多元经济时代的多样化要求，帮助学生了解现代科学技术的最新动向，迅速接近科学前沿，造就适应未来需要的高素质人才。

另外，可以尝试开设跨学科课。跨学科课是为了扩展学生知识面而设立的跨专业、跨学科的课程。它的出现是与科学的飞速发展和学科的快速分化息息相关的，为适应现代科学技术和社会发展的需要，必须开设边缘学科、交叉学科等跨学科课程，以利于大学生的知识在专业化基础上向综合化方向发展。

（二）学科课程要注重综合性，以利于人的全面发展

在今天这样的社会里，假如一个人的知识面狭窄单一，即便他的学问再深，也难成大器。为了适应社会要求，高校教育已经确立了多元化的培养目标。因此，必须采用设立综合性课程的办法来解除一些专业相互隔离的状况。而这种综合，并不是拼盘式的集合，而是符合教育基本规律，具有必然逻辑联系的课程设置上的优化组合。这种文理工课程的相互渗透、相互交叉的形式，不仅可以拓宽学生的视野，有效培养其思维能力，促进学生的全面发展，实现自然科学与社会科学、科学教育与人文教育的整合，并促使许多跨学科领域的研究和新学科群的出现。

（三）学科课程设置要具有前瞻性，以利于知识的创新

在科技日新月异的当今时代，高等学校课程的编制必须把握时代的脉搏，预测本学科未来的发展方向，使这些课程中不仅包含前人所积累的知识和经验，还能反映本学科发展的现状和趋势。这就要求我们必须改变过去统一、刻板的教学计划，建立起动态发展的课程体系，在课程体系中留出一定的空间，充分调动教师和学生的积极性，发挥他们的主观能动性，鼓励他们积极探索、勇于创新，使我们的课程不仅具有知识性和系统性，学科课程要具有国际视野，尝试开设国际化课程且处于动态发展之中。其实，目前世界上许多国家都特别重视课程内容的

更新，都积极地把科技文化的新成就吸纳到高校的课程中，并开设了一些代表未来社会科学发展方向的课程。这充分地显示了当代课程改革的一个重要方向——前瞻性。

（四）课程开设要具有国际视野，尝试开设国际化课程

发达国家的高校教育对此早有觉醒，如美国的哈佛大学和耶鲁大学都声称要造就具有全球意识的人才，而麻省理工学院也声称要培养领导世界潮流的工程人才。所有这些也表明，人们已充分认识到只有突破文化差异的障碍，才能真正地吸收人类文明的优秀成果。

21世纪是信息化社会的世纪，是人才竞争激烈的世纪，高校教育面向世界是由经济日益国际化决定的，国际竞争将是全方位的，其背后是国际教育的竞争，实质是较强应变性和适应性人才的竞争，这一发展趋势也必然对高校教育培养的人才质量提出更高的要求。因此，我们在高校教育的课程设置中必须具有国际视野和全球意识，体现国际精神。我们应该教育高校学生，使他们认识到要在世界舞台上占有一席之地，高校就应开设一些与国际联系密切的课程，如外语、国际关系、国际文化、国际管理、国际科技、国际信息与市场信息，使学生能够通晓国际知识，具有全人类的视野，适应高度科技化的世界。

第二节　高校教育教学评价创新

一、高校教育教学评价理论发展的哲学基础

邱均平教授早就说过："没有科学的评价，就没有科学的管理；没有科学的评价，就没有科学的决策。"现在，这一科学论断已基本上成为一种社会共识。尽管如此，评价活动仍然受到来自社会的质疑和批判。因此，如何正确地看待评价、科学地开展评价、合理地利用评价，已成为社会各界关注的重要课题。我们

生活在一个评价的世界里，任何人都离不开评价，都与评价息息相关。我们随时随地都在评价周围的人、事、物，同时也随时随地都在接受各种各样的评价。在学习、工作、生活中，任何人或组织都面临着各种选择，即做出决定和决策，而在做出决定和决策之前，需要对其对象进行了解和认识，还要根据自己的价值观念和行为准则对其进行判断和审视，这就是一个评价过程。我们随时随地都在进行着各种选择和决策，因此也随时随地都在进行着各种评价。

我们生活的世界是一个复杂的社会系统，包含众多的评价标准、准则和观念。其中，政策、文化、制度、法律、法规等合在一起形成庞大、复杂的教学评价标准和评价系统，谁也无法完全脱离这个评价系统而生存。因此，事物的评价都被置于一定的评价系统和网络中接受被评价，并按照评价系统的要求行事，否则就会受到排斥和惩罚。

面对如此丰富和复杂的评价活动，我们应该采取客观的态度，科学地认识，合理地选择，这样才能做到科学地评价。科学的评价活动自产生之日起，发展非常迅速，受到全社会的高度关注和普遍重视。其大致经历了从原始评价或本能评价到社会评价或大众评价，再到综合评价或系统评价三个不同阶段。随着评价活动的科学化程度日益提高，相关理论和方法逐步成熟，出现了从定性评价向定量评价及定性与定量相结合的综合评价模式转变。

二、多学科视角的评价研究

哲学领域的学者对评价进行了大量的研究，成为评价学的重要理论来源之一。价值、认识与评价问题的研究在西方哲学研究中起步较早、时间较长，形成不同的研究思路和派别。而我国的研究虽然起步较晚，但也产生了丰富的研究成果。心理学视角的研究以英国哲学家艾耶尔等人为代表。他们认为，价值存于评价之中，它是一种心理现象或情感现象，而评价就是情感的流露和表达。因此，他们主要研究评价的情感因素，研究情感判断及其自明性。语言学视角的研究主要是从语言学的角度来分析"伦理句子""价值句子"，认为这样就可以把握和揭示价值的本质、评价的本质。这种研究充分关注评价的表达形式。价值论视角的研究把人的活动看作把握价值、创造价值和实现价值过程的各种不同表现，它对认知与评价做出实质性的区分，亦即认知从属于评价，这是一种对评价的非认知意义的研究。研究者们认为，价值与评价紧密相连，价值决定评价，评价揭示价值。没有价值现象就没有评价活动，没有评价活动，价值就无法认识和体现。我们通常所说的价值，都是被意识到、认识到的价值。在评价之前或之外，价值只是作为一种客观的、潜在的形式而存在着。

评价是一种价值认识和价值判断行为，即"价值评价"。评价过程是对评价对象的掌握过程，是一种认识行为。因此，认识与评价密切相关，认识活动（包括事实认识和价值认识）是评价活动的基础。科学评价就是在事实认识和价值认识的基础上对评价对象与评价主体的价值和意义所做的合理判断，即了解、认识、确定和判断评价对象对评价主体有无价值及价值量的大小。

科学评价是准确、全面、系统认识事物的一种有效方法，它是在事实认识和科学认识的基础上对评价对象进行价值判断的活动（价值评价、评估或评定），本质上是一个价值判断过程，同时它也是一种特殊的认识活动，即价值认识活动。因此，价值理论和认识理论是教学评价的理论基础，是构成评价理论集合体的重要理论来源。

三、教育评价理念

教学评价的理念是指评价主体的教育理念在教育活动价值判断中的表现，亦是价值主体对教育评价的认识及在此基础上所确定的价值与行为取向。影响教学的主要理念有以下三种：

（一）终身教育的理念

教育是一种特殊的培养人的社会实践活动，教育实践活动的主体和客体都是具有能动性的人，这是现代教育理论公认的结论。现代人生活的过程就是教育和受教育的过程，学习和教育是贯穿现代人一生的重要特征，这是终身教育思想教育的过程。

对我国而言，终身教育并不是一个全新的观念。我国古代大思想家、教育家孔子曾说："吾十有五而志于学，三十而立，四十而不惑，七十而从心所欲，不逾矩。"（《论语·为政》）因为"人非生而知之"，而在于终身努力学习，"发愤忘食，乐以忘忧，不知老之将至"（《论语·述而》）。孔子主张"学而不厌"的思想已流传千古；日本终身教育理论研究者认为，孔子是东方"发现和论述终身教育必要性的先驱者"。庄子也曾述及终身教育的必要性："吾生也有涯，而知也无涯。"这可以说是我国古代最早的"活到老，学到老"的关于终身教育思想的萌芽。

从现代知识经济社会发展的要求和个体自身发展的需要来看，每个人都必须终身学习和终身接受教育。终身教育无论是作为一种思想理念还是教育实践，它正在经历从满足个人或社会对教育的转向的应急需要，转变为适应个人或社会对教育价值的多向取向的长远需要；从被动地选择教育转变为自觉地追求教育的发展过程。这是一个长期的过程，也是现代终身教育体系形成并走向成熟的必经之路。

（二）"三全一多"的理念

"三全"是指全过程、全方位、全员性，"一多"是指多样化。全过程是指贯穿于教学的全过程；全方位是指与人才培养有关的所有工作的质量，或者说是指全校的各个系统、各个部门、各个单位的工作都直接或间接地围绕教学这一总目标而工作；全员性是指各个部门、各个单位的全体教职员工都要参与其中。任何一种质量管理最终都要落实到人，要以人为本，调动每一个人的积极性和创造性，并要强化团队精神，加强凝聚力和合作力。学校每一个系统的每一个员工的工作质量都将影响到人才培养的质量，每一个工作岗位都要参与到教育教学质量管理工作中来，把学校制定的人才培养质量目标层层分解，落实到各部门、各环节，直到每个岗位，建立各种规范标准，让全体员工都参与到质量管理过程中。

（三）"以人为本"的理念

"以人为本"的教育理念作为一种教育哲学观，是高校的教育理念和素质教育观的实质所在，只有从这个根本点上去理解和把握它的精神实质，才能在教育评估工作中更好地体现评估为教育服务的宗旨。马克思主义认为，人首先是一个自然存在物，具有自然属性。但是人不是自然存在物，更重要的是人也是社会存在物，具有社会属性。因此，人的本质是一切社会关系的总和。此外，人还是有意识的，具有精神属性。宋代著名思想家朱熹说："大学者，大人之学也。"这里的"大人"指的就是成熟的社会人，能担负重大责任的人；在对学校的重大事项做出决策时，都要"以培养人才为中心"。因此，教学评价或评估，要贯彻"以人为本"的教育理念，重在培养高质量、高素质人才的教学过程和教育成果上。

四、高校教学评价系统的要素理论

按照系统论的观点，系统是由多种要素相互联系、相互作用形成的有机体。关于教学评价系统的构成要素主要有"三要素说""四要素说""多要素说"。"三要素说"认为评价系统是由评价者、评价对象和评价手段三个基本要素构成的，教学评价主体一般由政府、学校构成，评价对象主要是教师和学生，评价手段采用评价表进行量化评价。另外，还包括非基本要素，如评价目的、结果等。"四要素说"认为评价系统是由评价主体系统、评价客体系统、评价目标系统和评价参照系统四个子系统构成。无论是"三要素说"还是"四要素说"，它们所包含的内容和思想都是基本相似的。

一个完整教学评价系统应是由评价客体（对象）和评价中介或评价手段（包括评价方法、评价技术、评价工具、评价指标体系、评价模型、评价程序、评价信息、评价法规制度等）多个相互联系、相互作用的要素或子系统组成的社会系统。

高校教学评价主要构成要素一般包括政府、公众、学校、教师、学生、中介机构等，是一个多因素的综合体。从外部视角开展的宏观监控和管理的教学评价主体主要以政府、公众、中介机构为主体；而内部质量评价则以学校、教师、学生等为主体。高校的教学质量评价工作也主要分为两种类型——对教学主体的评价和学生课堂检测效果的评价。由于高校教育的专业性较强，学科纵横交叉，高校职能综合性等诸多特性，教学评价的复杂程度成为社会活动中最难精确化和量化的部分。高校教学评价产生于高校教育自身发展的需要，是高校对教学工作理性反思的重要手段。

评价内容包括办学效益和效度方面，概括如下：

①办学条件和办学设备的效用。办学条件、设备是教学活动运行的基础。良好的办学条件、优良的设备是高质量教学生成的前提保障。对条件和效益的评价目的，一方面在于促进学校和管理部门加大教学软硬件投入，提高资源利用率；另一方面，不断改善办学条件和教学设施，充分发挥办学条件的可能性效用、实性效用。

②学校教学运行机制的效率。运行机制是高校教育教学实施过程的依托，包括教学管理的机构体系、职能体系、人员体系、制度体系，对教学运行机制进行评价，能提升计划教学，执行计划对于教学改革措施的运作效率，教学管理制度能促进教学发展的效率。

③学校人才培养模式的效果。人才培养模式是资源配置的方式、教学条件组合的形式和教学手段运用的总和，是一所高校教育教学思想和观念最为集中、最为典型的表征。评价学校人才培养模式，主要是评价这种模式在实践中实施的效果。

④办学传统与特色的效应。办学传统和特色是高校教育教学的灵魂和基石，决定学校办学的品位、层次和特点，是学校的优势所在。学校的办学传统和特色以效应的形态让人们感受和意识，对它评价的同时就是对它效应的评价。

五、教学评价过程的非制度因素

制度是保障活动有序开展的重要手段，而非制度因素对人类一切活动的结果将产生积极或消极作用。在教学评价活动中，评价参与者的职业道德、思想、意识等非制度因素，也会影响制度执行效果。

（一）在活动初始阶段，由于参与身份的不同，呈现不同的心理需要

1. 角色心理

人们在社会活动中由于担负着一定的角色而形成了角色心理。评价者在教学评价活动中往往以显示其身份、专门知识、品质、爱好和特长来要求评价对象，如果这种要求与评价指标、标准相一致，就能对评价起积极作用；如果超出评价指标的要求，就可能影响评价的客观性。例如，在设计评价方案时，评价者容易从其职业、兴趣、特长出发，表现出不同的价值取向。最明显的是学科专家、教育理论专家往往偏重方案的理论依据和科学性，而实际工作者则倾向于方案的可行性和实践性。

2. 心理定式

这是由一定的心理活动所形成的常规、模式化的心理状态。在评价准备工作中，人们往往按各自心理来表达其意见，从而影响评价方案的客观性和创新性。

3. 时尚效应

这是指对新颖、时髦事物或观点追求的心理现象。在追求时尚中，顺从社会潮流，接受多数人热衷的思想或观点，影响评价的正确方向。

（二）在评价实施阶段评价者的复杂心理活动会因个体差异导致不同结果取向

1. 首因效应

首因效应也称第一印象效应，指的是评价者因对评价对象的最先印象比较强烈，便在其后的评价过程中，总是"先入为主"地左右自己的评价思维，从而影响对评价对象的正确评价。

2. 近因效应

近因效应指的是最近获得的信息对认知产生的强烈影响。因为个体对新近获得的信息往往感觉最新鲜、最清晰，其作用往往会冲淡过去获得的印象。这种近期效应会影响对评价对象全面的、正确的评价。

3. 晕轮效应

晕轮效应又称光环效应，它是评价者因对评价对象的某些特征产生强烈或深刻印象，且会弥散到其他方面，形成"总体印象"。

4. 参照效应

参照效应又称对比效应，它是指评价者对一些评价对象的强烈印象会影响对其他评价对象的判断。

5. 理想效应

理想效应又称求全效应，它是指评价者总是以对评价对象所持有的完美先期印象，来衡量评价对象的现实行为表现。

6. 趋中效应

它是指某些评价者在评价时避免使用极值（最大值、最小值），大多取中间分值或中间等级，如较好、一般等。

（三）在评价结果处理阶段，参与评价主体的心理倾向同样会导致结果的偏差

1. 类群效应

评价者和评价对象属于同一类别或同一类群体，如同行、同事、同学等，有较强的相互理解、认知基础，容易产生效应关系。

2. 亲疏效应

亲疏关系会使评价带有较多的情感因素，产生亲疏效应。对亲近者容易看到长处，给予偏高的评价；对疏远者则容易看到缺点，给予不适当的评价。

3. 从众心理

研究表明，从众心理和从众行为的产生取决于情境因素和个体因素。从众心理也是评价者的一种保护心理。

4. 威望效应

这是评价小组内有威望者的态度对他人观点的形成所产生的显著影响。威望者可能是学术方面的权威，也可能是权力方面的权威。

5. 本位心理

这是指评价者坚持本部门（本专业领域）的利益和价值观的心理倾向。评价小组成员来自不同部门，在评优或进行综合评价时，各方代表强调本部门的优势或成果，这种心理影响评价的客观性和公正性，甚至还会影响评价内部的团结和合作。

6. 模式效应

这也是一种心理作用，即评价者依据对评价对象群既有的印象（经验模式）来进行对评价对象现实教学的价值判断。

六、高校教育教学评价的应用创新实践

从近几年的评估实践看，现行的评估方案对促进学校的教学工作、提高教育质量发挥了比较好的作用。在充分肯定教学评估取得成绩的同时，我们也认识到，在我国开展大规模的高校教学评估还是第一次，实践中还存在许许多多的问题或不足。用一个评估方案评估所有的学校本身确实有针对性不强的问题，有待完善。另外，有的评估指标设计可操作性较差，导致专家在考察评估过程中难于准确把握。总之，根据不同层次和类型的高等学校的特点，制订不同的评估方案，以加强分类指导是当务之急。高校教育评价体系应该建立一套适合这种院校发展的评价机制，鼓励其找到自身发展的位置和方向。

高等学校教学质量主要是指在高等学校教育活动中的人才培养质量。高等学校为了满足社会和个人发展需要，设置教育教学目标并采取一系列措施保证目标

的实现。院校教学工作评估属于水平评估，与研究型高校的咨询评估和高职高专院校的合格评估有本质的区别，因此科学合理地设置教学型院校教学质量评价指标体系很重要。从国内外文献中可以梳理出各类高校本科教学质量的诸多关键因素，如教学理念、办学定位、本科教学水平评估、教学质量内部监控体系、教学与科研的结合、教师发展与教师队伍建设、招生方式和生源质量、学风、课程建设、人才培养模式、学科建设、教育方法改革、教学管理、教学设施和条件、国际化等。这些因素或虚或实，影响作用有大有小，有的是直接影响，有的是间接影响，需要我们抓住影响教学型院校教学质量的主要因素，从而设置关键性的评价指标。如果说研究型高校要力争构建探索型的教育，这种探索精神把高校的教学和科研结合起来，使教学应该表现出较强的科学研究的特色，高校要紧紧围绕教学这个核心展开。影响高校的主要因素可以考虑以下几方面：办学定位和办学特色、人才培养目标与计划、师资队伍与教学水平、教学条件与利用、专业建设与教学改革、教学管理与服务、学生的学习、教学效果等。

七、评价指标体系构建

下面将从以下七个方面对学校教学质量进行具体的评价：办学指导思想、师资队伍、教学条件与利用、专业建设与教学改革、教学管理、学风、教学效果，再加上特色项目，这是一级指标，再分成19项二级指标和44个观测点。

参照对院校教学质量的主要影响因素的分析来设计院校教学质量评估指标体系。

第一，办学定位与特色。

①学校的办学定位与思路。学校的方向选择、角色定位，是学校制订发展规划、方针政策和拟定各项制度的理论依据，关系到学校在教育系统中的地位与作用。

②办学特色。在长期办学过程中积淀而成的、本校特有的，优于其他学校的独特优质风貌。

③学校与社会的联系。

第二，人才培养。

①培养目标。受教育者所要达到的质量要求和专业规格。

②培养计划。人才培养工作总体设计的具体体现，是安排教学内容、组织教学活动及实现人才培养目标的基本依据。

第三，师资队伍。

①队伍结构。专任教师结构状态、师生比、硕士博士学位比例。

②师资培养。教学业务培训、技能培训、学术交流、教学质量、主讲教师教学水平、质量评价状况、教师风范。

第四，教学条件与利用。

①教学基本设施。校舍、实验室实习基地、图书馆、校园网和运动设施状况。

②教学经费。四项经费的增长情况。

③条件利用情况。教学设施和教学经费的利用效率。

第五，专业与课程。

①专业建设。学校专业结构与布局、专业教学质量、新办专业情况。

②课程建设。教学内容与课程体系建设、教材建设与选用、教学方法与改革手段。

③实践教学。实习实训、实践教学内容与体系、综合性设计性实验。

第六，教学管理与质量保障。

①管理队伍。结构与素质、管理研究成果与实践效果。

②质量控制。规章制度建设和执行情况、各教学环节的质量标准、教学质量监控体系的运行形成与运行情况。

③服务状况。教学管理人员对师生的服务能力和水平、校园环境和文化氛围、对学生学习的支持程度、学生遵纪的程度。

第七，教学效果。

①学风。守法情况、学风建设情况、学生积极主动学习的状态。

②学习能力与素质。学生学习经验积累、自我教育与自我学习水平、团队精神与合作能力、思想品德修养与文化心理素质。

③基本理论与基本技能。基本理论知识的水平、基本实践技能水平、创新精神和实践能力。

④毕业设计（论文）状况。毕业设计（论文）的质量。

第八，社会声望。

①招生与就业情况。招生生源状况与新生素质状况、毕业生当年就业率与就业状况。

②社会评价与资助情况。社会对学校办学状态和毕业生质量的评价、社会企业与各界人士对学校事业和困难学生的支持与资助状况。

八、评价的创新与趋势

我国目前是世界上规模第一的高校教育大国，高校教育发展的重点已经从扩大规模转向提高质量。提高人才，特别是创新人才培养水平的要求变得日益迫切。我们要建设高校教育强国，就必须有较高的入学率、有竞争力的质量和完善的制度体系。今后高等院校教学评价的趋势有以下特点：

（一）统一性与多样性并重

高校治理的国际新趋势是在扩大高校自主权的同时，强化问责机制，加强对高校的质量与绩效评估。我国教育部今后仍将扎实推进由高校教育评估中心组织的高校教学评估工作。在高校多样化背景下，我国将实施分层与分类评估，在评估中注重高校办学特色。如将高校分为研究型、教学型、高职高专、民办学院四类，或按归属性质和层次分为省属重点高校、普通本科院校、民办学院等。同时，在评估的参与上将形成政府、学校、用人单位、专业团体与社会人士、中介机构等广泛参与，形成高教质量保障的共识。在评估的类型上，综合评估、机构评估与学科专业（专题）评估相结合；在评估的性质上，比较性评估与发展性评估并重。前者侧重于鉴定等级；后者侧重于发现问题，找出差距，改进教学。

（二）校外保障体系与校内保障体系结合

内部质量保障体系是高校教育质量保障体系的主体和基础，外部保障体系是社会监督。内部评估（自我评估）与外部评估相结合，加强问责制是各国高教质量保障的共同趋势。高校评估强调外部评估与自我评估相结合，建立了制度化的高校自我评估制度，有明确的要求和指标，如自评报告要公布，强调高校自评要突出办学特色、个性特征。欧洲各国几乎都建立了高教评估机构，制定通过《欧洲高校教育区质量保障标准与指南》，适用于博洛尼亚进程参加国的所有高校，内容包括高校的内部与外部质量保障，评估的目的是改善欧洲高校教育质量，为高校自身的质量管理与提高提供支持，构筑质量保障机构自身业务的基础。高校内部质量标准包括质量保障的方针与程序；教学计划与授予学位的认可、监督与定期审查；学生的评价；教师的质量保障；学习资源与对学生的教学服务；信息系统；信息公开。外部质量保障方式包括：学校的办学资格认证；学院和专业认证；学校、学院、专业的声誉排名；学校内部质量保障体系审计；全国性专项调查（如新生教育调查、毕业生调查等）；专家资格认证、全国质量系统规划与建设等。我国要加强高校自我评估，使其制度化、义务化、指标化、特色化、公开化，进一步增强高校自身质量保障的自觉性。

（三）教育投入、教育过程与教育产出并重

教育输入主要是指教育资源与生源。教育过程是人才培养的过程，主要考察教学计划、教学管理、教师管理、教学质量控制制度等方面。教育输出主要考查学生的成长、人才的质量和毕业生的就业与专业表现。目前，在评价高校的教学质量与进行专业评估时，评估指标是教育投入、教育过程和产出因素并重。评估从重视硬件到重视软件，开始关注教师"教"的能力、学生的学习过程和收获。

（四）院校的教学质量评价要重点关注的两个方面

1.人才培养质量评价要充分关注教师"教"的能力

我们说教学过程是一个以认识活动为起点，通过掌握他人和前人的间接经

验、发展能力、直接经验和态度倾向的过程。教学过程是师生双方共同的活动。高等学校的教学活动是一种特殊的认识过程，具有专业性、独立性、创造性、实践性等特点，其成败在很大程度上取决于教师"教"的能力，需要教师根据教学内容和教育对象妥善地选择合适的教学方法。因此，对高校教师教学评价要着重体现其进行研究性教学、探究式教学、创新实践教学、思想教育等方面"教"的能力。在探索教师教学评价指标体系时，要明确评价内容，如教学评价内容要体现时代要求，体现教师是否激发学生的兴趣，是否调动学生的主动性，是否有助于发展学生的潜能，是否授以研究方法和学习方法；还要重视对教师教学评价的反馈，提高教师"教"的能力，对教师给予直接帮助。为了提高教师教的能力和水平，对教师给予及时的帮助和训练指导是必需的。

例如，美国加州大学欧文分校的标准化教学评估，对教师的教学评估列出以下十个指标：教师对课程内容满怀热情和兴趣；激发了学生对课程内容的兴趣；达到了课程的规定目标；有问必答；创造了一个开放、公平的学习环境；在课程中鼓励学生进行思考；对概念的表达和解说清楚；作业和考试覆盖了课程的重要方面；学生对教师的总评分；学生对本课程的总评分。对每个指标从 A、A-、B+、B、B-、C+、C、C-、D、F 十个等级进行评价，A 表示卓越，F 表示完全不适当。

2. 人才培养质量评价要充分关注学生"学"的能力

目前，学生学习产出评价存在的问题是：仅仅停留在对学生的智育评价，而智育评价往往又限于对学生知识掌握的评价，主要是通过课堂考试进行；评价游离在学习过程之外，没有将其纳入指导学习、规范学习、推动学习的过程之中。因此，我们在进行对学生评价时，要注意以下几点：

（1）要重视对学校人才培养目标的评价

学校要制定明确的教育产出的目标，明确培养出何等质量的毕业生，并使学生知道，自己进入了怎样的学校，进了学校可以得到怎样的培养和训练，毕业时可能成为怎样的人才等，使学生懂得在高校学习，不仅要掌握知识，而且要培养良好的道德品质、创造精神与能力、批判思维、全球视野、优质专业训练、终身学习的能力。学生心中有"质量"标准,就会遵照执行并主动积极地参与评价。

(2)要重视对学生学习能力的评价

美国已有越来越多的学校把自己的 NSSE(National Survey of Student Engagement)数据挂上了美国学校排行榜,成为美国国内高校选择的重要参考。NSSE 已成为美国高校教育质量评价的新风向标。此调查指标主要包括五类:学习的严格要求程度、主动合作水平、师生互动水平、教育经验的丰富程度和校园环境的支持程度。调查采用学生自我报告行为和观点的方式进行。因此,院校为了提高学生的学习能力,要提供条件,创设支持的环境,让学生在学校教育中、在社会生活中去感受、感悟,增强学生学习的主动性和合作水平,从而获得教育经验和提高自我教育的能力。

(3)要重视学生创新、实践能力的评价

创新、实践不能停留在书面和口头上,也不是仅仅开设几门课程,而应自始至终贯穿于教育教学的全过程。要探索有效的评价方式和方法,使实践创新能力的培养成为广大教师、学生自觉的理念和行为。

第五章　新时代高校教育理论与实践教学深度融合的机遇与挑战

从人才培养定位看，理论教学和实践教学要相互融合，充分发挥各自的长处，相互促进。理论与实践教学深度融合是教育教学的基本规律，是新时代教育改革发展的要求，是世界格局变化的要求。在新时代高校理论与实践教学深度融合的过程中，高校在教学模式、全域课堂、实习实训、社会实践、毕业设计（论文）、创新创业教育、实验教学等方面存在诸多障碍。新时代高校如何遵循教育教学规律，满足新时代教育改革发展的要求，顺应世界格局变化，解决高校在理论与实践教学深度融合中遇到的各种问题，已经成为高校必须面对的重大挑战。

第一节　理论与实践教学深度融合是教育教学的基本规律

一、理论与实践的概念和关系

理论来源于实践，实践反作用于理论，实践是检验真理的唯一标准。实践能力是人们在具体情境中发现问题、反思解决实际问题的创新能力。创新能力是人们的思维方式的彻底改变，能够多角度思考问题，形成独特的解决问题的方式方法的能力。实践能力与创新能力是相辅相成、相互促进的。创新能力的提升可以指导实践能力的发展，实践能力的增强在一定程度上促进创新能力的开发和验证。一般来说，创新实践能力的内涵包括学生的多样化思维方式、实践动手解决实际问题的能力、自主学习探索研究能力、人际交往的能力，等等。爱因斯坦曾经说过："我没有特殊的天赋，我只是极度的好奇。"从人的左右大脑功能来看，左半球负责逻辑性思维，右半球负责创造性思维。创造性思维的形成基于下列四个层面的综合培养：熟练掌握某领域知识及知识成因；培养自身的质疑能力；一定的发散思维训练；最终聚合思维从而产生创造性思维。

这就要求在教育教学中要注重培养学生的批判性思维和创造性思维。通常批判性思维主要具有两个层次：能力层次，即学生应该获取批判性思维的能力，此处能力不是指学科知识，而是一种超越学科，或是说适用于所有学科的一种思维能力，也称为可迁徙能力；心智模式层次，即应该获取批判性思维的心智模式，是一个价值观或价值取向的层次。通常，创造性思维主要由知识、好奇心和想象力、崇高的价值和人生态度取向三个因素决定。

二、理论教学与实践教学的概念和关系

我国高校教育教学一般分为理论教学和实践教学。理论教学与实践教学紧密联系，相辅相成、相互促进、不断融合。理论教学是在先进的教育教学理论指导下，按照一定的教学原则，通过教师的讲授使学生获得间接的专业的认知经验的过程。实践教学是相对于理论教学的另一种基本形式的教育教学活动，主要是通过教师提供或指导学生直接体验的各种情景，促进学生主动地在认知、情感和动作技能等多个领域，掌握知识，发展能力，提升创新实践能力的教育教学活动。从人才培养定位看，理论教学和实践教学要相互融合，充分发挥各自的长处，相互促进。理论教学与实践教学活动是落实以生为本，满足学生个性化与多样化学习需求的重要途径。通过理论教学向学生传授系统的理论知识，有助于提高学生理论水平，培养学生理论思维能力与创新能力。通过实践教学启发和训练学生动脑与动手能力，有效掌握认识世界、改造世界的理论性、实践性、应用性、创新性方法和本领。诚然，理论教学与实践教学活动的最终目标都是为了培养人的创新能力，造就创新型人才。

位于美国纽约布鲁克林的亚伯拉罕-林肯中学一名专职实验员沃尔芙（Sophie Wolfe）女士开设了一个科学俱乐部，她是唯一一个为世界培养三名诺贝尔奖获

得者的老师。这三名曾经在该校学习过的人都对沃尔芙女士的教育方法推崇备至，对这位启蒙"恩师"的培养难以忘怀。这三名获奖者在接受记者采访时，都称沃尔芙女士是在他们漫长的获奖道路上发挥了最关键作用（Key Role）的人。纽约市教育局为了表彰沃尔芙女士在培养人才方面的杰出贡献，将该校的一栋科学大楼命名为沃尔芙楼，并将其三个楼层分别用上述三位诺贝尔奖得主的名字命名。其中一个诺贝尔化学奖获得者伯格（Paul Berg）在回忆录中写道："沃尔芙女士是一位鼓舞人心的高中'老师'，她激励我树立了远大的科学抱负。她通常不直接回答我们提出的问题，而是鼓励我们自己寻求解决方案，这经常演变成小型研究项目。有时，她会引导学生在她布置的小实验室参与实验，但有时这意味着要到图书馆及其他地方去寻找答案。通过实验解决了问题后，可以产生极大的满足感，这整个过程是一种非常令人兴奋的经验，让几乎所有参与的学生都非常着迷甚至上瘾。回顾过去，我认识到，培育好奇心和强化渴求答案的本能也许是我获奖最重要的原因之一。随着时间的推移，我学到的很多具体知识都被遗忘了，但我永远不会忘记她引导我们通过努力发现答案有多么激动人心。"这个实例表明了实践教学设计及其方法的重要性。

总的来看，我们必须转变传统的以教为中心、以传授为主要教育手段的教育状况，树立以有利于学生的学习和发展为中心的教育指导思想，即要坚持理论联系实际的马克思主义学风，坚持问题导向，坚持理论与实践相统一，学以致用，用以促学，夯实学生的理论基础，扩大知识面；加强实践教学，增长见识和胆识，提升学生分析问题、解决问题的能力。在尊重个体的独特性和差异性的基础上，为受教育者提供多样化的教育资源，允许受教育者自主选择教育内容，推进理论教学与实践教学深度融合，实现提升学生的创新能力和促进学生的全面发展的教育目标。

第二节　高校教育理论与实践教学深度融合的意义

一、理实融合是高等教育强国和教育现代化的基本要求

目前，我国高校教育改革进入了一个关键时期，高校教育要面向全社会，立足经济社会发展现状，围绕国家需求不断地进行教育改革与实践，注重对学生实践能力的培养，不仅让学生掌握扎实的理论知识，还要通过各种实践活动来训练技能操作，培养学生的抽象思维能力和实操动手能力。2010年，我国在《国家中长期教育改革和发展规划纲要（2010—2020）》中明确，"坚持以人为本、全面实施素质教育是教育改革发展的战略主题，是贯彻党的教育方针的时代要求，其核心是解决好培养什么人、怎样培养人的重大问题，重点是面向全体学生、促进学生全面发展，着力提高学生服务国家、服务人民的社会责任感、勇于探索的创新精神和善于解决问题的实践能力。"党的十九大报告提出了建设教育强国的宏伟目标，要求加快教育现代化，使教育为社会主义现代化强国建设提供有力人才支撑和智力支持。强国必须强教，人才培养是大学的本质职能，本科教育是大学的根和本，在高等教育中是具有战略地位的教育、是纲举目张的教育。习近平总书记明确指出高等教育是一个国家发展水平和发展潜力的重要标志，一个国家的硬实力、软实力，归根到底要靠人才实力。为了落实教育强国要求，中共中央、国务院印发《中国教育现代化2035》明确提出，要通过深入贯彻"更加注重以德为先，更加注重全面发展，更加注重面向人，更加注重因材施教，更加注重知行合一，更加注重融合发展"等基本理念来实现我国教育的现代化。

理论教学与实践教学的关系源于理论与实践的关系，二者之间相辅相成，共同组成教学体系不可分割的整体，共同服务于人才培养目标。因此，高校要适应教育强国背景下教育现代化提出的新要求、新责任、新使命，培养出具有创新能

力的社会所需人才,就必须处理好理论教学与实践教学的关系,实现二者融合发展,只有这样才能做到知行合一,更好地服务于人才培养目标的实现。教育部高教司吴岩司长说,大学成为国之重器,体现在镇国的国之重器、兴国的国之重器、强国的国之重器、复兴的国之重器,肩负着人才培养的主要任务;在新形势下,不断深化理论与实践教学深度融合,健全高校的人才培养体系,卓有成效地开展理论与实践教学,增强学生的创新实践意识及锻炼创新创意实践能力,切实加强学生创新实践能力的培养,解决我国社会对创新实践型人才的需求与高校人才培养模式的矛盾,彰显高校办学特色和提高教学质量。

二、理实融合是推进"四新"建设的必然要求

教育要实现战略转型,即从关注毕业、就业到重视创新创业,创新引领创业、创业带动就业。新时代人才的培养应突出以学生为主体、教师为主导、研究式教学为核心,构建宽口径、厚基础、跨学科、国际化、重实践、求创新、多元化的培养体系,让学生能够自主性学习、探究性学习、实践性学习,学得主动、学得投入、学有成效。目前,高等教育创新发展已经势在必行,围绕一流专业建设,实施"六卓越一拔尖"计划2.0,全面推动"四新"(新工科、新医科、新农科、新文科)的建设,为2035年建成高等教育强国、实现中国教育现代化提供有力支撑。"四新"建设工程,此处的"新"不是新旧的"新",而是凸显创新的新,路径上需要探索学科专业建设的新路子、新模式、新的组织形式,在内容上实现更新换代,在机制上实现教育流程再造;原则上强调质量革命、结构优化和守正创新。教育部高教司原司长、高教学会副会长张大良指出:"高等教育现代化本质上是人的现代化,要在高校人才培养中彰显现代化,科教融合、产教融合、理实融合培养人才是三个有机联系、不可或缺的着力点。科教融合是世界一流大学办学的核心理念;产教融合是产业与教育的深度合作,是高校提高人才培养质量的必然选择;理实融合是教育教学的基本规律。"这些都需要深化理论与实践

教学深度融合的教育教学改革，由此为经济转型和产业升级构建产教融合的良好生态。

（1）新工科建设，是国家应对新经济的挑战，从服务国家战略、满足产业需求和面向未来发展的高度，提出的一项持续深化工程教育改革的重大行动计划，是国家硬实力提升的要求。强调从早期的学科导向转到创业需求导向，即工程教育改革要与产业发展密切联系，起到相互支撑的作用；强调从专业教育适应产业和社会服务转到支撑引领，即要求人才培养符合时代发展与产业行业要求；强调从早期专业分割模式的培养转到多学科、多专业跨界交叉融合培养，即改变工程教育专业的教学与课程结构与市场需要相脱节的瓶颈，增强工科人才培养与产业经济发展协调性，旨在提高学生创新实践能力的培养。

（2）医学教育一手连着民族昌盛和国家富强的健康中国，一手连着中华民族伟大复兴基础工程的教育强国。医学教育的定位可概括为三个"大"：大国计、大民生、大学科。创新是新时代医学教育改革发展的生命线，加强新医科建设，需要站在预防、治疗、康养角度统筹兼顾来提升全民健康力，一是要实现从治疗为主到生命全周期、健康全过程的全覆盖医疗体系；二是以人工智能、大数据为代表的新一轮科技革命和产业变革扑面而来，医学教育要顺应技术驱动；三是医工理文等学科的融通，这就对原有医学专业提出新要求，发展精准医学、转化医学、智能医学等医学新专业。

（3）加强新农科建设，要用现代生物技术、信息技术、工程技术等现代科学技术改造现有涉农专业，加快布局涉农新专业，助力打造天蓝水净、食品安全、生活恬静的美丽中国。

（4）加强新文科建设，要把握新时代哲学社会科学发展的新要求，培育新时代中国特色、中国风格、中国气派的新文化，培养新时代哲学社会科学家，推动哲学社会科学与新一轮科技革命和产业变革交叉融合，创造光耀时代、光耀世界的哲学社会科学的中国学派，提升文化软实力。

全面推进"四新"建设，要把握新工科和新医科、新农科交织交融、交叉发展；新文科为新工科、新医科、新农科注入新元素；新工科、新医科、新农科为新文科提供新命题、新方法；学科专业发展的小逻辑服务于社会经济发展的大逻辑。从教育教学要求看，一是通过以专业学科课堂教学为中心的创新能力培养方式，即"理论教学"，可以使学生系统地学习和掌握学科的概念体系，培养学生的理性思维能力。二是通过以课外科技活动和校外实践为中心的创新能力培养方式，即"实践教学"，可以增强学生社会责任感、创新精神、实践能力。由此可见，理论教学与实践教学是整个教学活动的两个分系统，既有各自的特点和规律，又处于一定的相互联系中，只有二者相互融合、相互促进才能实现创新型人才的培养目标。

第三节 理论与实践教学深度融合的必要性

一、世界格局的变化

20世纪70年代以来，经济全球化和政治多极化推动高等教育发展和改革。高等教育紧密适应经济和社会发展需要，极大地推动社会的进步。教育的文化功能得到了加强，以学生为本的教学理念开始受到高校关注，人们的意识观念也开始转为重视学生的素质完善提升。这就要求教育不能局限于传统的理论教学、讲授系统化的知识，而是要改革传统的教育教学方法，培养具有创新实践探索精神、有较强的实践操作能力、理论与实践相融合、具有批判性思维和创新思维的新世纪高素质、能够胜任未来挑战的人才。

当今世界科技进步日新月异，人才竞争日趋激烈，人力资源是最重要的资源。随着知识经济的到来，更凸显科技创新的重要性。国际竞争日益激烈，谁能站在前沿科技的高峰，谁能掌握最先进的科学技术，谁就能在竞争中获胜。创新创业人才的培养是衡量高等教育教学质量的关键，理论与实践教学深度融合模式是培养创新性人才的必由之路。教育部原副部长、高教学会会长杜玉波在世界 5G 大会上说，在 5G 环境下，人才培养模式也将发生转变。传统网络和技术环境下学习资源供给千人一面的情况将被打破，教育资源将主动适应个体的特定需求，主动为学生营造学习环境、规划学习路径、推送适应性的学习资源。事实上，现代技术快速发展与广泛运用也倒逼高校必须加快教育教学模式改革。

面对现代社会经济和政治的双重压力，世界各国都开始重视理论与实践教学的深度融合，突出表现在高校加强理论教学改革和实践教学模式的创新。深化理论与实践教学改革成为很多发达国家大学教学体系变革的风向标。如 2016 年麻省理工学院发布的《高等教育改革催化剂》强调新工科转型关注全员育人，让学生学会反思，推行跨学科人才培养。伦敦大学综合工程项目关注学生跨学科学习，旨在培养引领未来的工程型人才。

二、德国"工匠摇篮"

被称为"工匠摇篮"的德国教育，十分重视实践教学，把实践教学和理论教学放在同等重要的地位，参照行业标准，邀请企业参与制订教学计划，实践教学与理论教学之比高达 1∶1，明确要求实践教学训练不能少于 2 个学期。德国在"工业 4.0"战略的引导下，应用科学大学着重培养应用型人才的复合型能力、提高应用型人才的科学研究水平和致力于培养应用型人才的工匠精神。

1. 在课程设置与教学计划方面，突出理论教学与实践教学的融合

德国应用型大学不要求学生掌握全方位的知识，这一点和传统的工业大学不同。高校的学科、专业规划充分考虑地区及其产业需求。同时，在专业培养计划普遍采用了"模块化"的课程设置形式，即在制订专业培养计划时将与同一主题相关联的若干门课程组成一个相对独立的教学单元。一个课程模块可以由讲授、讨论、练习、实验等不同教学形式的课程组成，对提高教学质量和效率有明显的促进作用。"模块化"课程设置是当今德国应用型高等教育改革与发展的重要动向之一。一方面，"模块化"课程设置使专业人才培养目标与规格在专业培养计

划中得到切实落实，每一课程模块都有明确的教学目标要求且教学内容必须保证与专业总体培养目标存在紧密的联系，与学生将来从事的实际工作内容紧密结合，有效增强了课程开设的针对性，避免了盲目性和随意性。另一方面，"模块化"课程设置改变了以单门课程为单元的教学内容组织形式，有效地整合了课程，促进了相关课程的有机衔接，实现了教学过程的模块化，保证了学生知识学习、技能与能力培养的系统性与连贯性，专业培养计划具有鲜明的方向性。

2. 在学生培养方面，突出实践能力的培养

首先，在德国应用型大学，学生毕业之前需要去企业进行一段时间的实践活动，并且计入学分，最后作为毕业的一项必修任务。其次就是毕业设计。我国本科生都是在学校导师的指导下完成毕业设计。而在德国的应用技术型大学中，学生可以选择在企业中去完成自己的毕业设计，可以选择就自己实习的企业中所遇到的具体问题或者项目来进行研究，从而为企业提供解决方案。企业所提供的环境是学校所模拟不出来的。学生不仅能够得到学校老师的理论指导，还能得到企业中有关专家和技术人员的辅导，能够更好地培养其解决实际问题的能力并增强未来工作的胜任力。

3. 采用多种多样的教学方法，不拘泥于传统的理论学习方法

教师在教学过程中广泛采用谈话教学、四阶段教学、六阶段教学、模拟仿真、项目化教学、思维导图教学等模式，应用这些教学方法对培养学生自主学习及团队合作等方面的能力十分有益，也让学生不完全拘泥于传统的理论学习，而是采用多种方式让理论与实践教学融合，促进学生学、修的有机结合。

4. "双元制"教学模式，注重校企合作教育

采用高校和企业结合的"双元制"模式教学。所谓双元制，一元是高校，一元是企业，学生既是学员又是学徒，理论教学在学校完成，实践教学在企业完成，两者有机结合，两个教学模块轮换进行，高校的理论教学必须服务于企业的生产实践和技术技能培训。以"双元制"为办学特色的德国职业教育，持续培养了大批与企业生产紧密结合的技术技能人才，是德国经济复兴和迅速发展的重要

保障。这类学校以实用性强、学制短、学生胜任职业能力强和带薪学习等特点受到学生和用人单位的欢迎。

三、法国工程训练和工程师培养

法国高校重视高校学生的综合素质的养成和工程实践能力的培养，政府、高校、企业、学生和第三方中介协同探索，构建重视工程训练和工程师培养的大系统。学生不但可以到国内企业和跨国公司实习，还可以到国外参加工程项目和企业实习。

随着欧洲一体化及博洛尼亚进程的深入，近些年发生了一些变化，主要是一体化后强调流动性，前三学年的工程训练减弱，到四、五学年（研究生阶段）增强工程训练。推进博洛尼亚进程，以期欧洲的学位统一、学制统一。培养一个合格的工程师，大概要花七年左右的时间，分为三个大的阶段：第一阶段是大学三年理论学习，第二个阶段安排一年工程训练，第三个阶段是至少要有两年的实际工程经历，最后有一年根据需要，将其加入前述的任何一个阶段。有了这七年的理论学习、实践训练和工程经验，才能申请工程师职称。同时为了顺应培养体系改革，针对教师教学能力的提升，采取了四种不同的形式提高教师的专业素养：工作中提升锻炼；专门的校外培训计划；有经验教师的辅导；参加学术研讨会。

四、美国通识教育

美国本科教育中最典型的教育模式是通识教育。通识教育也称一般教育，广义上是整个教育的一部分，主要关注学生作为一个认真负责的人和公民身份的人的生活需要，属于一种大学办学思想或办学观念。狭义上，在高等教育阶段，通识教育是指大学生均应接受的有关共同内容的教育，通常分属若干学科领域，提供内容宽泛的教育，与专门教育存在一定差别，是不直接为大学生将来的职业需求做准备的那部分教育。

1. 通识教育将理论课程与实践课程有效整合

现行课程一般包括专业课、选修课和核心课程三部分。专业课是学生在所选专业内要求必须学习的课程，包括该专业的基础知识及最新发展动态，所涉及的知识范围相当广泛。选修课旨在为学生学习想学的科目提供机会，促进学生兴趣爱好的发展。选修方式上，学生既可以选修本校开设的课程，也可选修其他有合作关系的大学里的所有选修课程。例如，核心课程是哈佛大学独具特色的课程，涉及外国文化、历史研究、文学和艺术、道德理性、自然科学、社会分析及数量分析七类学科领域，每个学科领域都开设多门相关课程。哈佛大学为本科生开设了2 500多门通识教育课程，人文科学约占40%、社会科学约占31%、自然科学约占19%，其余为跨学科、专业预备科、工程学等学科的课程。

2. 通识教育有助于学生将理论与实践知识相结合

美国无论是综合性大学还是理科类专业院校，通识教育都对其教学的发展起到了举足轻重的作用。特别地，通识教育的开展在一定程度上是对理工类学科的补缺。对每一所研究型大学而言，通识教育不仅渗透到校园文化、大学精神等办学特色中，更体现在教育教学体系和人才培养的指向性等方面。通识教育切实结合了本校的实际情况，已经真正成为学校教育整体中不可分割的一部分。美国研究型大学通过开展通识教育计划，学生更加积极地应对全球化的趋势，如芝加哥大学通识课程的文明研究模块中，大多数课程都是关于其他国家的文明进程，其中有课堂学习，更有亲身体验，这样才能让学生在走向社会以后更好地应对全球化问题。斯坦福大学《斯坦福大学2025计划》强调大学不应仅仅指向教什么，也要关注应该怎么教；更要关注学生怎么学、学得怎么样。为了提供学生学习非凡的体验，拟推行以下几个新举措。

（1）开环大学（Open-loop University）：解除入学年龄的限制，课堂、实践等渠道获取知识的等价认定，经验丰富的成年人、校友作为返校实践专家参与学校教育教学活动。

（2）自定节奏的教育（Paced Education）：促进学术探索，同时提升学科的内在严谨性。打破四年级划分，按照"CEA"——调整（Calibrate）、提升（Elevate）和启动（Activate）三阶段。第一阶段（6~18个月），开设微课程，师生交互，学生可以了解不同领域及教师的不同特长，了解不同的学习模型及职业规划轨迹。第二阶段（12~24个月）：进入专门领域，组建个人顾问委员会，主要包括学术导师、个人导师及高年级同学和信任的伙伴，深度互动的混合环境，帮助学生获得成就。第三阶段（12~18个月）：知识应用到实习、项目服务、高水平研究和创业中。

（3）轴翻转（Axis Flip）：将"先知识后能力"翻转为"先能力后知识"，按照学生的不同能力重新建构院系，将推出十个建立在本科生能力之上的教学中心。

（4）有使命的学习（Purpose Learning）：破解"思想的巨人，行动的矮子"，为学生学以致用提供土壤，兴趣融入问题，学习与项目融合，校友指导，在世界各地建立"影响实验室"和"脑力奥运会"，浸润式学习，培养具有行动力的全球领袖。斯坦福大学构建了通识教育、专业教育和创业技能教育相结合、文理工学科相交融、综合性课程与独立创业课程相辅相成的创业型人才培养课程体系。斯坦福大学采用模块化课程体系培养学生的综合能力，课程设置充分体现跨学科和创业教育的特色，在个性化培养方面实现了从"重视学科"到"重视能力"的转变。同时，斯坦福大学与硅谷企业深度合作，企业通过为高校提供资金和实习基地获得高校的人才和技术，高校通过转化专利实现产业化和获得科研资金。校企关系体现为既相互补充、相互结合又扬长避短、各有侧重，校企是分工协作、成功共享、风险共担的利益共同体。政府通过制定法律、政策保护校企双方的合作权益、规范各自合作行为。由此产生没有斯坦福大学就没有20世纪90年代美国硅谷的新经济，同时硅谷新经济的发展促进了斯坦福大学的可持续发展。

五、澳大利亚高校创业教育

澳大利亚创业型大学是世界创业型大学建设案例中比较成功的典范，不但教育体系成熟且在行政管理、校园文化、科研转化等方面都颇具特色。这种创业型大学注重学生的主动创新，结合本科教育中接受的知识理论，通过创新应用实现了学生自身的发展。

1. 层次与模块并存的课程体系

澳大利亚高校创业教育课程体系完善、特色鲜明，大多采用分层次、灵活的模块化课程。一方面，创业教育课程体系可以分为初级、中级、高级三个层次。学生在初级阶段，主要学习创业教育课程体系中的基础课程，为进一步学习创业教育核心课程打下坚实基础；在中级阶段，学生需要学习创业教育核心课程，并且可以根据自身的学习特点及兴趣在专业内选修课程中选择学习3~4门课程；在高级阶段，学生可以根据实际情况开展模拟创业，进行实践活动，学校聘请拥有丰富创业经验的企业家担任学生创业实践的指导教师。有创业意愿的学生可以在教师的指导下成功完成模拟创业，还可以在相关行业企业家的指导下实现创业梦想。另一方面，设计极具灵活性的模块化的创业教育课程。这一特点主要体现在现代技术与继续教育学院的课程体系中。该课程体系把创业教育的相关课程安排为多个灵活的模块，各个模块之间相互联系同时又可以融合或灵活调整。教师可以根据学生特点、能力不同和教学要求适当调整教学顺序，改变课程模块安排，以达到教与学的最佳效果。

2. 善用启发式案例的课堂教学

澳大利亚高校创业教育普遍采用较为成熟的启发式案例开展教学。这种教学方式不以讲授单一的专业知识或者传授简单的操作技能为目的，而是结合本地经济发展的实际情况采用启发式案例开展教学。尤其是在创业实践类课程的教学过程中，教师向学生介绍大量成功创业的最新真实案例，在激发学生创业激情的同时，使学生对新创小企业的流程及企业的运营有更加深刻的体会与理解。教师针对案例中出现的问题，教会学生如何分析和研究市场、设计创业方案、评价市场潜力等。在开展启发式案例教学的过程中，学生收获的不仅是实用性很强的创业知识和创业技能，而且更重要的是学生的创业意识逐渐增强，创业动机也日趋强烈。

3. 兼具理论与实践经验的师资

在澳大利亚，普通大学从事创业教育的教师专兼职比例约为 4∶6。其中，绝大多数教师是具有高等教育背景的企业家，他们兼具理论知识和实践经验，懂得如何通过努力成功创办各自的企业。澳大利亚高校创业教育教师专业性强这一特点不仅适用于普通大学，而且也是技术与继续教育学院的重要特征。学院对创业教育的教师聘用极为慎重，这些教师不仅具备良好的专业知识，而且必须具备被行业认可的实践经验。全职教师要求具备相应的学位和证书，还要有 3 年以上的实践经验；兼职教师比例较大，约占教师总数的 60%，兼职教师必须经过学院评定并获得培训证书。技术与继续教育学院的创业学教师不分理论课教师和实践指导课教师，是一种一体化的身份，他们大部分为行业协会的会员，从而确保了教师教学不脱离企业实际。为了提高非兼职教师的创业实践能力，学院还要求教师定期去新创企业进行实践。与此同时，学院还有计划地聘用优秀企业家到学院担任创业教育顾问，在指导学生开展创业教育实践的同时，也促进教师与企业家之间的交流，提高教师素质。

4. 注重发掘学生的创业潜能

澳大利亚高校创业教育高度重视学生创业潜能的挖掘。普通大学的创业学课程安排始终把发掘学生的创业潜能放在重要位置，重视对创业潜能挖掘课程的开发。教师通过对学生个人素质的评估、探索与开发，增强学生的创新与创造能力，使学生在较为客观和全面了解自身潜质的前提下，能够根据市场需求在创业活动中正确确立自己的位置，逐步完善自我创业能力，最终实现成功创业。

六、日本教养教育

日本高等教育遵从教养教育理念，旨在通过高校的本科教育将学生培养成既具有广阔的国际视野与缜密的逻辑思考能力,又具有优秀的个人修养的人。这种教育理念注重培养学生的个人修养,在学生学习专业知识的同时还要培养优秀的个人品质。优秀的个人品质成为学生学习素养的一部分。日本大学教养教育通过培养理念目标的科学定位、课程体系的一般性、课程教学的探究性、课程管理的专一性来促进教养教育目标的实现。这种教育理念将学生的素质发展和学校的教育教学紧密地联系在一起,为学生的综合素质发展提供良好的条件。

1. 教养教育的理念目标主要定位于提升学生科学创新基础能力

从日本大学本科教育课程改革演变过程的分析中可以发现一个总体特征,即非常重视教养教育,将教养教育的目标主要定位于培养学生科学创新基础能力。遵照"三三分段制",日本大学致力于培养学生的"宽广精神",既强调学生对人类知识的总体性把握,又强调学生对知识的"一般性"认知。所谓分段制,要么将教养教育放在前两年,要么将专业教育主要放在本科后期阶段,要么将教养教育像楔子一样贯穿于本科教育的全部过程,但总体都是强调基础性、综合性、集成性科目的学习,注重探究性学习方式,适应科学发展对人类总体性知识的认知能力、思维能力的需要,而不是局限于一个特定的专业、特定方向、特定技术创新能力的培养。日本大学重视教养教育,重视学生科学创新基础性能力的培养,这与日本企业比较重视人才的基本教养有关。日本企业家注重毕业生人格教养、专业基础能力、创新基础能力等方面的考查而弱化技能的熟练掌握程度。

2. 教养教育课程体系的一般性致力于培养学生宽广的学术视野

日本大学教养教育的一个重要特点是一般性科目在课程体系中占比较高,设置大量一般性、总论性课程,侧重于学生对人类基础知识的掌握,为学生提供尽可能广泛的人文社会科学和自然科学的一般性知识,为学生科学创新能力的形成奠定必要的知识基础。课程体系的一般性还体现在打破学科之间的传统界限,开发、设置大量跨学科、交叉学科、边缘学科和新兴学科方面内容,建设富有弹性、开放性、高集成性的课程体系,通过交叉性、跨学科课程知识的传授来提高学生知识的集成性智慧能力及创新能力。另外,教养教育的课程结构、学分分配等也力图适应课程体系一般性的要求而取消一些必修科目，抑或设置两门外语，着重培养学生的国际化视野，不断提高课程资源的公开化程度，学生可以在充分了解教养课程体系的规划后进行选择。这样的培养模式使得学生不会过早地分化，强调创新能力的基础性训练，为未来的综合性或专业性的创新能力奠定基础。

3. 教养教育课程教学的探究性致力于提升学生的学术思维能力

在日本大学教养教育的微观教学层面，课程教学的探究性特征是教养教育实施的一个重要特征，力图通过课程教学的探究性来培养学生的学术思维能力。教养教育课程教学的探究性主要体现在三个方面：第一，通过教养教育与专业教育融会贯通，在教养教育中融合专业发展的前沿知识，在专业教育中融合教养教育知识，着重提升专业见识和基础创新能力，力图达成专业教育的"教养化"。将纯粹的专业教育放在研究生阶段进行，本科阶段着力提升学生科学创新的基础性能力。第二，注重批判性思维的训练。在教养教育课程教学中通过基础性知识、一般性知识的学习和研讨，侧重培养学生批判性地分析问题的质疑能力。第三，注重以学术为职业精神的培养，把这种精神作为从事学术职业的必备教养。日本研究型大学把学生未来发展的目标主要定位在学术素养达成，职业教养教育、专业教育的理念与模式都与这一目标紧密结合在一起。

第六章 高校教育教学的实践创新

第一节 高校教育教学创新之 VR 课堂

一、高校 VR 课堂的教学实践

VR 技术在高校教育教学中的应用途径多种多样，主要应用于日常性的课堂教学、多样的实验教学课程及数字图书馆的建设等方面。VR 技术的广泛应用，极大地提升了学生的学习兴趣，完善了教学环境。VR 技术已成为高校高效开展工作的重要组成。

（一）高校 VR 课堂教学的应用

VR 技术在高校基础教学中的应用主要集中在两方面：基础的课堂教学和实验教学。

1. VR 技术在课堂教学中的应用

课堂教学是高校教育教学的主要方式，也是最基础的方式。当下多媒体教学已经普及，但是这种以二维图像为主的多媒体方式更能吸引学生的注意力，激发学生的热情。VR 技术能够将现实世界进行多维的信息化呈现，将其应用到课堂教学中，可以丰富教学内容，同时这种新颖的技术可以吸引学生的注意力，提高学习的积极性。比如，在学习建筑结构相关知识的时候，VR 技术就可以发挥自身优势，构建一个多维立体的建筑模型，教师可以根据教学需求，将虚拟的模型通过计算机进行改变，学生可以有身临其境之感，加深学生对知识的认知与理解。

VR 技术可以将枯燥的课堂变成生动有趣的课堂，提高课堂的教学效率。

第一，课堂教学的技能训练。技能训练一般需要对简单的工作进行反复练习，以达到熟练程度。根据 VR 技术的特点，其具有显著的交互性与沉浸性，因此将其融入技能训练，将有利于学生专注地置身于虚拟环境模拟出的训练场景中，通过与虚拟场景交互来实现技能训练。如在医学领域，学生可以通过虚拟交互系统模拟出的手术场景，操作完成一台手术，期间可以虚拟出手术过程中的任何一种细节，学生通过这种实践教学，不但能够进行反复练习，而且真实模拟了现实情况，同时又不存在风险。

第二，课堂教学的探索学习。VR 技术与传统实践教学工具不同，它不存在材料的消耗和维护，可以在课后向学生开放，促进学生自主实践的兴趣，在实践过程中不断提出自己的条件假设，并对此进行模拟验证，从而培养学生通过虚拟交互系统的实践探索能力，促进学术进步。比如，对于电子与电气相关学科，学生可以在不购买不消耗任何电子器件的基础上，在虚拟实验环境下搭建自己设计的电路，并进行可行性分析；对于环境领域的学生，只需要在虚拟实验环境中搭建出温室效应的模型，便可以完成温室效应的影响因素分析。总之，基于 VR 的交互系统与高校实践教学相结合，能够提高学生对学科领域的学术探索精神。

2. VR 技术在实验教学中的应用

VR 技术在实验教学中的应用，可以发挥 VR 技术的交互性特点，实时为学生提供有效的实验数据，指明实验操作步骤，解决学生在实验中的困惑。教师在这一教学过程中，可以通过 VR 技术实现对学生的针对性指导，提高实验教学的效率。学生在虚拟教学环境下，可以通过实验数据资料的指引完成实验操作，提升自身的实验水平。

高校实验教学作为教学与生产、社会实践紧密结合的环节，既是 VR 技术的潜在主要使用者，同时也是 VR 内容的主要提供者，并可能成为 VR 技术研发的主要引领者。因此，高校实验教学应对 VR 技术发展的策略应当是：根据自身发展实际情况，积极、主动适应新技术革命的变化，以开放适应、引领的态度和行动去面对 VR 技术对教学的影响。

第一，厚植基础，继续推动高校开展实验教学领域的虚拟仿真项目教学改革。全国高校已经建设了几百个国家级虚拟仿真实验教学中心，覆盖了大多数部属高校和一大批地方所属高校及军队院校。省级教育行政部门也开展了省级虚拟仿真实验教学中心建设工作，建设数量约为全国层面的两倍。按照平均每个虚拟仿真实验教学中心建设几十个虚拟仿真实验项目估算，仅获得省级和全国层面认可的虚拟仿真实验教学项目就有几万余项。在现有基础上，高校应继续根据自身的教学实际需求，按照问题导向和目标导向的原则，创造性地开展虚拟仿真实验项目建设。

第二，优势共享，以搭建在线开放虚拟仿真实验项目平台为契机助推优质资源共享。在线开放虚拟仿真实验平台建设，目前来看，在全球范围内还没有类似的集成式平台，属于集成创新的范畴，也属于中国特色高校教育管理的优势领域；平台建设要注重顶层设计，坚持成熟一批、推出一批，确保推出的实验项目已经在学校、区域或行业内试点，并获得基本认可；坚持符合专业实践教学发展方向，对于不能很好地反映教育教学规律、不能体现专业教学需求、不能适应时代发展的实验项目，不进行平台支持；坚持创新驱动，鼓励与行业、企业合作共建共享，推动教学形式创新、技术创新、组织模式创新等各项创新；坚持互利共赢，确保集成平台与分布站点之间保持平等互利关系，确保实验效果和网络通畅。注重科学分类，体现平台为学生服务、为高校服务的目标。可以考虑按照专业类型进行分类，如工、农、医等，也可以细化到专业类；可以按照区域进行分类，如华北、东北等，也可以细化到省份，甚至到达市级层面；可以按照技术类型进行分类，如虚拟类、仿真类、增强现实类、增强虚拟类，也可以按照实现技术，如软件类、硬件类等进行分类；可以按照实验类型进行分类，如演示性、验证性、综合性、设计性等。总之，分类的目标是为了实现多维度的快速检索，提供更为便捷的服务。要注重规范建设，为实验项目可持续发展奠定基础。在平台建设初期，要注重对外展现和使用的统一化，进一步注意虚拟仿真技术的接口统一化，逐步实现虚拟仿真实验开发标准的统一。

第三，主动介入，以高校实验项目的使用为需求引导中国虚拟现实产业发展的方向。美国高盛集团发布的报告显示，2020年VR教育市场规模将达到3亿美元，而2025年将达到7亿美元。根据以往的历史经验，信息技术对教育的投入，往往可以带动其他行业实现10倍以上的营业收入。VR产业在我国的发展，高等学校实验教学领域可以从供给和需求两侧综合发力，实现高校教育与VR产业发展的深度融合，体现高校人才培养、科学研究和社会服务的综合功能。

从供给侧看，高校实验教学基于已有的虚拟仿真实验项目研究，可以为VR技术的发展提供技术支撑；同时，作为现代信息技术人才培养的主要基地，高校实验教学承担着培养VR技术研发人员的重任，可以为产业发展提供人才保障；最后，高校实验教学领域是虚拟仿真教学内容的重要提供方，也是解决VR产业应用内容初步设计和研发的主要承担者，通过将教学内容在更大范围内推广与应用，促进"VR+"相关产业的发展。

从需求侧看，高校实验教学是"VR+教育"的具体使用方。需求决定供给，有效的需求将引导供给的方向。因此，高校实验教学改革要关注VR技术的发展，注重VR技术与人才培养的深度融合，注重理顺生产实践和社会发展的虚拟实践与真实实践的关系。

从长远发展来看，VR技术的兴起、发展，将会对未来高校教育的教育教学形态产生越来越重要的影响，高校实验教学研究和改革人员要从提高人才培养质量角度出发，对VR技术可能产生的技术革命保持高度关注，并积极介入其中，推动和引领整个高校教育教学与现代信息技术的深度融合。

3. VR技术在高校实训教学中的推广

第一，前期投入成本。

尽管近几年VR技术得到了迅速的发展，但VR设备及其软件开发的成本还是比较高的。如果高校在实训教学中引进VR技术，需要的设备数量不是一个小数目，引进初期仅在设备购置这一项的投入资金就是相当大的。

第二，场景的建模。

VR 设备的使用需要虚拟场景的支撑，而虚拟场景的开发离不开虚拟现实建模，所以在实训教学中，如何根据实训教学的需要建立合适的模型成为该项技术应用的重要前提。面对不同的学校、不同的专业、不同的教学目的，实训的种类繁多，根据不同的实训内容构建不同的 VR 实训模型。

第三，统一标准，共享平台。

VR 场景的开发是一项复杂的工作，如果每一个高校都根据自己的要求来开发 VR 相关的实训教学内容或系统，从全国范围来看，就会造成资源的浪费。可以由政府牵头规范，制定一个统一的 VR 教学开发的标准，全国范围内的高校可以合作共同开发，并构建共享平台，这样不仅能节约教学资源，而且能节省开发时间。

第四，VR 技术应用在实训中的教学设计。

VR 技术的革新日新月异，在教学实践中为了能够让学生及时了解和掌握这些技术，能够更好地理论联系实际，并做到与时俱进，高等院校在实践教学中应引入虚拟现实技术。

以物流仓储实践教学为例，具体教学课程设计如下：

①实训前的理论教学。在进行实践教学之前，需要先让学生了解物流仓储系统，仓储是一个系统工程，大致分为入库、盘点、分拣、包装、出库等。先把学生分为几个组，分别对应这几个作业流程。让每个组的学生都认识一下各个流程，为实训打下理论基础。

②虚拟现实教学。利用 VR 技术，展示某仓库的布局及其设施，通过预先的设计，学生可以通过触摸按钮，对某一设备进行更具体的观察和认识，并进行比较。每一个设备都会配有对应的说明及注意事项，从而让学生对仓储有个大致的直观认识。

③安全教育。虽说是虚拟现实环境，但也要按现实生活中可能遇到的非安全因素，对学生进行相关的安全教育，利用 VR 技术先让学生身临其境地观看易出

现状况的环节和出现状况后正确的应急处理方式。这样才能在学生遇到实际情况时，知道该如何处置。

④实操训练。按之前分好的组别，模拟某电商仓库的日常运营（训练主题不仅限于此），在进行模拟实训过程中，对学生出现的违规操作及不安全的操作，可以在操作的界面引入警报系统。当出现这些操作时，界面就会出现红色闪烁报警，提醒学生出现错误，并会扣掉相应的分数，同时也设有加分环节，来表扬那些操作得当和娴熟的学生。

⑤实训总结。在模拟实训结束后，系统会根据每位学生在实训过程中的表现，进行评比打分，并打印出实训成绩单，包括最终的分数和扣分的原因。实训结束后，学生要根据成绩单和实践训练写实训报告，交给指导老师，并由老师给予指导建议。

（二）VR 技术在高校数字图书馆中的应用

图书馆是高校学生重要的综合性学习场所，图书馆的数字化建设是符合现代化知识教学要求的。高校数字图书馆信息技术的引入，便利了学生的借阅，在一定程度上改善了学生缺乏阅读兴趣的问题，但是初步的信息化并未将图书馆在高校教育教学中的主体地位凸显出来。VR 技术在高校图书馆的应用，可以有效地提升学生在图书馆学习知识的意识。VR 技术可以将图书馆资源进行全面、立体、真实地呈现，可以为学生提供丰富全面的参考资料，提高学生阅读学习的主动性。

二、AR/VR 技术对高校教育教学模式的改革创新

（一）AR/VR 技术对高校教育教学模式改革创新的影响

AR 通过计算机技术将模拟的信息叠加到真实世界，真实的环境和虚拟的物体实时融合到同一个画面中。

AR 允许用户看到真实世界及融合于真实世界之中的虚拟对象，因此增强现实是"增强"了现实中的体验，而不是"替代"现实。

AR/VR 对于促进教育发展，增强学生的注意力和学习兴趣具有明显优势；

通过师生双向的交互，提高学生沉浸感和想象力，使学习的深度、广度有所增加；在教学情景创设、学习模式创新方面、AR/VR 创设探究与体验情境，学生由被动学习变为自主学习、体验学习、探究式学习，显著提高了学习效果。

高校教育教学模式的改革一直与信息技术息息相关，从传统的课堂教学手段到图文教学，再到多媒体教学，以 AR/VR 为代表的可视化技术教学，必将对教育影响深远，已经成为教学发展和改革的新方向。2017 年 1 月 19 日国务院关于印发《国家教育事业发展"十三五"规划》的通知中提道："要全力推动信息技术与教育教学深度融合。综合利用互联网、大数据、人工智能和虚拟现实技术探索未来教育教学新模式。"

（二）AR/VR 技术对高校课堂教学模式改革与创新的内容

教学模式是指在一定教学思想或教学理论指导下建立起来的较为稳定的教学活动结构框架和活动程序。教学模式的框架结构一般包括教学思想或教学理论、教学目标、操作程序、师生角色、教学策略和教学评价等因素。不同的教学理论、教学目标、师生角色等会形成不同的教学模式。作为结构框架，突出了教学模式从宏观上把握教学活动整体及各要素之间内部的关系和功能；作为活动程序则突出了教学模式的有序性和可操作性。AR/VR 技术在教学中的应用会对教学目标、师生角色、教学策略、教学评价等因素产生一定程度的影响，增强学生的主观能动性和创新能力培养，对高校学生的学习兴趣具有提升作用，从而提升高校课堂的教学效果。

1. 重构教育教学理念

传统教学理念是教师教、学生学，一般的过程是教师先教授理论知识，学生再到实际环境中体验和应用。AR/VR 技术具有沉浸性、构想性和交互性，使得学生的学习具备了情境认知特性。情境认知理论认为，大多数知识都是人的活动与情境互动的产物。如果能为学习者提供接近于真实的学习环境或仿真情境，对提高学习者学习热情与对所学知识的理解掌握大有益处。AR/VR 教育思维不是告诉学习者什么叫知识，而是让学习者自己尝试直接体验知识，从学习知识到体验知识是一种学习方式的转变。在 AR/VR 技术下的教学中，学生通过虚实结合，与场景互动，变被动学习为主动探索学习，改变了教学思维和形式。

2. 改变教学目标

在传统教学中，教学的主要目标就是教师教授学生知识。AR/VR 模式下的教学可以通过学生的互动操作、师生互动等方式促进学生主动参与和自主学习，其主要目标是通过体验式学习提升学生的学习兴趣及加深学生对知识的理解，提升课堂教学效果。

3. 操作程序的改变

每一种教学模式都有着其对应的操作程序和逻辑步骤，即围绕课堂师生先做什么、后做什么。在传统课堂中，操作程序更多的是针对教师来说的，是教师如何安排组织课程的讲授、测评等过程。AR/VR 模式课堂教学中，互动教学环节会增强，有时候课堂必须要学生互动参与才能完成教学任务，课堂测试等环节的运行形式也与传统课堂有较大不同，整个课堂的教学程序发生了改变。

4. 师生角色转变

传统教学的普遍形式是教师在讲台上讲、学生在下面听，课堂总是以教师为中心，这种形式导致学生没有自我性，认为课堂跟自己无关，通常在课堂上做自己的事，听课效果不好。AR/VR 模式下教师可以针对不同的学生设计不同的内容，提出不同的要求，往往要求学生互动完成，这样的课堂更多是围绕学生来开展，以学生为课堂的主角，教师作为引导者，这种师生角色的转变可以增强学生课堂学习的积极参与性。

5. 教学策略的变化

教学策略是指在教学过程中，为完成特定的目标，依据教学的主客观条件，特别是学生的实际，对所选用的教学顺序、教学活动程序、教学组织形式、教学方法和教学媒体等的总体考虑。在 AR/VR 技术支持下，教学活动不再以教师的教为主，更多的是围绕着学生的学展开，教学的组织形式和教学方法也会发生改变。

6. 教学评价方式的改变

在传统课堂中，一个教师对多个学生，教师对学生的课堂评价较难实施，特别是个体学生的评价。在 AR/VR 教学环境下，教师可以通过学生的交互活动，由 AR/VR 教学系统自动实现对学生的个体评价。如在叉车结构知识点学习中，可以设置一个叉车结构的测试题，让学生自己动手选择，系统自动判断正误，实现对学生知识掌握情况的测试。此测试可以同时对所有学生进行，解决了传统课堂教师提问学生受时间限制的问题。

教学评价是双向的，除了教师考评学生，学生也可以及时反馈教师的教学效果，以便教师清楚地了解学生对知识的掌握情况，在后续的讲解中有所侧重，从而提升课堂教学效果。

第二节 高校教育教学创新之慕课

一、高校基于慕课的新型教学模式探索

当前，基于慕课的教学模式日益渗透我国高校教育的课堂，慕课的教学理念也推动着我国高校教育人才培养方式的转变。"慕课来潮"对高校培养人才和实现内涵式发展是一个难得的机遇。对此，慕课有哪些优势、是否适用于高校的教学、高校如何构建基于慕课的新型教学模式，值得深入探讨。

相对于传统课堂教学模式和一般的网络课程，慕课主要具有以下两个方面的优势：

1. 慕课给我们带来广泛的、优质的、模态化的教育资源

现开设的慕课突破了国际和校际壁垒，并不局限于传统的学科，而更注重课程的综合性、实用性和普适性，既有涉及国际前沿的理论课程（如"博弈论"），又有应用型和通识类的课程（如"英文写作""食物、营养与健康"等）。

在慕课中，教师讲解环节主要通过视频实现。慕课的授课视频一般经过师资团队反复研究制作而成，大部分视频的主讲是名校名师，专业师资团队对专业知识的讲解一般比单个教师课堂讲授的质量更高。慕课课程的设计能够突出每门课程的特色，课程教学内容主要以模块的形式呈现。通过约10分钟的微视频把知识体系分解为单元模块，突出知识要点，这有利于学习者集中注意力和利用碎片化时间学习和理解。

2. 慕课体现了以学习者为中心的教育理念和教学模式

（1）慕课能够兼顾学习者学习能力个性化的要求

传统课堂主要以教师为中心，教师按照一个版本，面向学生群体统一授课，这难以照顾不同学生个体的能力差异。在慕课中，学习者可根据自己的学习能力自主选择课程内容和难度等级，自主调节学习进度，如果遇到难点或外文课程的语言障碍，可以回播教学视频继续学习。这种个性化的学习方式有利于增强学习效果。

（2）慕课能够满足学习者学习方式多样化的需要

在慕课平台注册的学习者可通过多个社交网站、论坛，运用多种社交媒体与教师、同伴讨论和交流，形成"师生互动"和"生生互动"，共同解决学习问题。学习者在慕课平台中可通过授课视频内嵌测试、在线测试、线下作业等多种方式加强训练；可利用在线教材注释、在线虚拟实验室、可视化游戏等软件辅助工具做课程笔记和模拟实验；可借助教师评价、同伴评价、自我评价所构成的多元化评价方式审视自身学习效果和不足，以便总结提高。

（3）慕课让学习者在学习时间和地点选择上更具有灵活性

在传统课堂中，学生修读课程需在规定时间到指定课室听课或做实验。而慕课课程在时间安排上相对灵活，也没有固定的地点。学习者可以自我计划和管理学习时间，主动营造良好的学习环境。

二、慕课的适用性

慕课的到来为我国高校教育人才培养模式的改革提供了一个很好的机遇，但我国高校在把慕课运用到教学实践中需要考虑慕课的适用性，因地制宜，针对不同高校、不同类型学科课程采取不同的实践模式和应用策略。

（一）不同类型高校可采取不同的应用慕课的策略

对于国内一些综合性研究型高校，在利用国际慕课资源的同时，可开发一系列品牌课程参与到国际慕课平台之中。对普通本科院校和职业院校而言，其策略以吸收、引进和利用国内外慕课资源为主，利用慕课资源实现内嵌式教学课堂以提高教学质量；再根据高校自身的学科优势选择性地开发一些特色专业类或技能型的慕课课程，参与到全球慕课平台中。

（二）慕课对不同学科课程的适用性不同

慕课在技术和制度设计上尚不成熟，高校教育不同学科课程有不同的知识结构体系和不同的思维能力要求，因此慕课对一些学科在教学过程中的应用有一定的限制性，并非适合所有学科课程的教学。慕课的学科课程适用性具体表现在以下方面：一是慕课本质上属于网络课程的范畴，对于理论课程的教学，可以借助慕课实现优质教育资源的共享，优化教学设计，提高教育质量。但对于实践课程，慕课的实用性并不强。实践课程更多地需要学生现场做实验、实地调研等才能有效培养学生的操作技能和实践能力，而慕课难以实现实地操作和现场体验。即使有些慕课课程试图用虚拟实验室来模仿实验，学生也不能获得如化学实验所释放气味的真实感受。二是慕课更多地应用于以结构化知识传授为主的程序化的学科课程，对于高阶数理推导和逻辑思维训练的学科课程的适用性较小。三是目前慕课的授课语言以英语为主，少数课程配有中文翻译字幕，这对外语类课程和双语教学的课程而言，慕课是十分合适的教学资源，学生通过慕课既可学习地道的外语，又可汲取专业知识。而对于其他课程，慕课的大范围应用还有赖于中文慕课的开发。

三、高校慕课应用教学模式的构建

慕课具有优质教育资源和先进教育理念的优势，而实体课堂又弥补了课堂难以督促学生、无法面对面交流和开展实践活动等不足。因此，将慕课与实体课堂相结合才是有效应用慕课推动教学模式创新的可行途径。对高校而言，慕课与实体课堂结合的主要形式是将慕课作为课程主体内容，构建翻转课堂；或是将慕课作为课程的强化与补充，形成混合式学习。所谓"翻转课堂"（Flipped Classroom）是把传统课堂的"先教后学"模式翻转为"先学后教"的新型教学模式。在上课前，学生独立完成对教学视频等教学资源的学习；在课堂上，学生在教师指引下进行作业答疑、协作探究和互动交流等活动。混合式学习（Blended Learning）在形式上是在线学习与面对面学习的混合，在内容上涵盖多种教学理论的混合、教学资源的混合、教学环境的混合和教学方式的混合。当前促进高校课程教学改革的一种有效路径是突出资源整合和教学互动，充分利用慕课课程资源，将慕课与实体课堂相结合，建立基于慕课的翻转课堂和混合式学习。具体而言，高校可着力构建"课前设计、慕课学习、课堂互动、实践拓展"四位一体的慕课应用教学模式。

（一）课前设计

在课前设计阶段，由任课教师事先设计课程的体系结构、筛选合适的慕课资源、制作教学视频、提供预习资料，给学生在之后的慕课学习和课堂互动阶段提供导航。课前设计是慕课应用教学模式必不可少的阶段。由于慕课平台所提供的课程并没有严格的课程体系结构，教师在开课之前告知学生关于课程的体系结构和相关的基础知识，可让学生对课程有一个整体把握，避免学习后形成"知识碎片"。由于慕课的课程比较多，而学生对课程的甄别能力有限，且不同学生的能力层次和学习需求存在较大差异，教师在课前设计中筛选合适的慕课课程推荐给学生学习，并为学生设计不同的学习路径以供选择，可帮助学生选择适合自身学习能力和学习需求的优质慕课课程。

（二）慕课学习

在慕课学习阶段，学生根据教师课前布置的学习资料，自行观看必修模块的慕课教学视频和选择性地学习选修模块的慕课教学资料，并完成相应的作业，以便对课程新知识有一定的了解，找出疑难之处。该阶段的学习一般在课外完成，学生可根据个人情况适时调整教学视频学习的进度，遇到授课语言障碍或知识难点，可反复播放视频或查阅相关学习资料，以便加深理解。在慕课学习阶段，学生可以自控式地深度学习，获得个性化的学习体验，完成"知识传递"的过程，该阶段的"先学"是实现下一个阶段课堂互动"后教"的基础。

（三）课堂互动

课堂互动是基于慕课的翻转课堂教学模式的核心，是真正实现"以学习者为中心"的课堂组织过程。在课堂互动阶段，学生在教师的引导下，进行作业答疑、小组讨论、协作探究等学习交流活动。学生的学习过程一般由"知识传递"与"吸收内化"两个阶段组成，在慕课学习阶段学生完成了"知识传递"的过程，而在课堂互动阶段的主要任务是促进知识的"吸收内化"。如对于经管类课程，知识的吸收内化侧重通过问题讨论和案例分析等方式促进知识的综合应用；对于外语类课程，则侧重语言的"输出"练习；对于理工类课程，吸收内化主要是通过实验和方案设计等方式验证原理并在实践中运用。

课堂互动的主要活动包括作业答疑、小组讨论与展示、反馈评价等。在作业答疑中，教师首先根据课程大纲内容，针对学生观看慕课视频和课前预习中提出的疑问，总结出有代表性的、有探究价值的问题，在课堂上给予学生答题思路和方法指导，由学生独立或师生共同完成作业的解答，并在作业解答和知识点梳理中达到化零为整、知识融通的教学效果。在小组讨论与展示中，学生组成小组，根据教师设置的问题、案例、场景等，开展小组讨论，通过辩论、案例分析等方式探究问题，并通过团队报告、小型比赛等形式展示小组学习的成果。这种协作学习的方式能够增进学生间的合作，提升关联体验，弥补线上慕课学习缺乏情感交流和社会关联的短板，增强学习效果。对于反馈评价，在课堂互动阶段，需要通过教师点评、同伴互评、学生自评等方式，对学生之前是否自觉完成慕课学习、是否掌握基本知识要点、是否积极参与小组讨论、团队成果展示水平如何等进行多维度的评价，以便达到"以学定评""以评促学"的效果。

（四）实践拓展

高校实施慕课的翻转课堂和混合式学习模式的最终落脚点是学以致用，培养应用型人才。课前设计、慕课学习、课堂互动和评价考试并非课程构成的全部，而实践拓展也是该教学模式下课程教学的重要一环，是课堂教学的延续。实践拓展阶段以成果分享、技能竞赛和社会实践为着力点。由学生团队根据自身对课程内容的理解和学习感悟制作成视频等形式的作品，上传至网络平台，与同伴分享课程学习的成果，通过学生对知识的再创造，加深其对新知识的理解。师生根据课程内容共同开展相应主题的竞赛、调研、实验等实践活动，并给予计算相应课程的学分和学时，以达到训练学生的应用技能和提高其创新能力的教学目的。对于经管类课程，可进行企业调研、社会调查、沙盘演练等。

对于外语类课程，可开展英语演讲比赛、英语情景剧比赛、担任兼职翻译等。对于理工类课程，可让学生参与新实验开发、新产品设计、小发明制作等进行实践拓展。

总之，慕课的引入一方面提供实用性较强、覆盖面较广的教育资源，更大程度满足高校培养应用型人才的需要，同时也弥补高校优质教育资源缺乏的短板；另一方面，慕课的引入也带来先进的教育理念，这种教育理念强调"以学习者为中心"，注重学习能力的培养。

在这种教育理念引导下，构建慕课的新型教学模式，是推动高校教育教学改革和实现应用型人才培养目标的有力举措。

四、高校慕课教学的改革

慕课的快速推进，给高校的课堂教学改革带来了新的机遇和挑战。这就要求管理者要搭建更高效的资源共享平台来促进课堂教学。教师需要重建课堂教学理念，确立新的教学目标，重新组织课堂教学过程并更加注重过程化、多元化的考核方式。与此同时，教师要做好由统一化培养到个性化培养的转变、由课堂教学到多平台教学的转变、由单向教学到多向互动的转变、由人工教学管理方式向智能化教学管理方式的转变。

（一）搭建有效平台，促进资源共享

慕课是与现代教育技术紧密结合的产物，慕课下的课堂教学改革需要凭借平台来运作。目前，慕课运作平台主要有公共的开放平台和校内网络教学平台，搭建好两个平台有助于教学资源的整合，有助于课堂教学改革的顺利推进。

1.搭建慕课联盟平台

对高校教育发展来讲，建立高效、共享、优质的教学资源合作机制，开展慕课建设、推动课堂教学，将有助于提升高校教育整体发展水平。在搭建慕课联盟平台的过程中，要改变过去的观念；达成推动共建共享慕课机制这一工作共识；制定参与慕课共建共享有关规章，形成和构建相应的共建共享机制。

（1）铺垫平台基础

首先是政策基础。政府需要在政策上给慕课资源共享提供保障，特别是制定学分互认政策，协调学分互认关系，并确定慕课在教学中应用的比例。其次是技术基础。各高校慕课建设应执行国家相关标准，实现平台的交互操作，建设的慕课能够在不同高校的平台上顺利运行。最后是教学基础。教学的基本内容和基本要求应达到一定程度的规范和统一，为学分认证奠定基础。

（2）丰富平台资源

首先，盘活现有资源。各高校现有的精品课程、精品开放课程、资源共享课程、课堂教学设计与创新课程、双语教学课程等课程建设项目，前期进行了大量的投入和建设。这些项目虽然已经完成了阶段性使命，但仍有开发利用的巨大空间，根据慕课建设要求和技术标准对以上相关课程进行改造，充实到平台中去。其次，引进优质资源。目前很多慕课资源平台提供了大量优质慕课资源，在尊重知识产权的基础上，通过协议等形式把这些资源课程嫁接到高校慕课平台上去，使学习者通过一次身份认证便可学习到更多慕课平台上的课程。最后，自主开发资源。鼓励高校自主开发慕课。尤其是在平台运行初期，对高校中的选修课、公共课等共性较多的课程加大扶持开发力度，为高校校际慕课学分互认积累经验。

（3）提供平台保障

首先，处理好"权""利"关系。在平台上运行的慕课存在着知识产权和利益分配等相关问题。这就需要签署《联盟高校慕课学分认证协议》《联盟高校慕课学分收费协议》等相关协议，以及制定《联盟高校慕课制作规范》等相关制度。平衡好教师、学习者、学校和平台提供者之间的"权""利"关系，以保障慕课资源共享机制长效运转。其次，成立慕课评估组织。政府可以委托某一高校牵头成立慕课评估机构，对纳入平台的课程，组织各方面专家进行评估。尤其是教学大纲、课程目标、授课内容以及对学生应掌握的知识、技能和应达到的水平进行信誉等级评定，为课程学分认证提供参考。最后，建立协调机制。政府是协调慕课商业化的有效保障，在校企合作过程中发挥着助推作用，也能够敏锐地把握慕课在企业、高校之间的关系。所以，政府应该对慕课平台进行统筹管理。

2. 加强校内网络教学平台建设

在国家和各级政府的财政支持下，目前国内大部分高校都建立了网络教学平台。但从目前运行来看，需要加强以下三方面的建设：

（1）加快网络教学平台数字化对接

高校内的图书馆信息系统、财务缴费平台、教务管理系统、毕业设计平台、网络教学平台等多个与教学密切相关的系统（平台）分属于不同的管理部门，有不同的公司开发与维护，技术参数标准不尽统一，造成师生身份认证重复操作，给教学和管理带来诸多不便。校内网络教学平台应及时和校园数字化平台对接，共享相关数据信息，使教师上课、学生学习及其他信息查询都可以在一个身份认证下完成。

（2）加快网络教学平台的运用

首先，加强宣传。通过多途径宣传网络平台的优势，发放平台使用手册，并有针对性地开展培训工作，让更多的学生知道并使用平台。其次，出台使用网络平台相关鼓励政策。教师在网络平台上开放慕课或进行相关的课堂改革，耗时耗力，对技术要求高，学校应给予一定的资助或奖励。最后，给学生提供便利的网络学习条件，实现校园网无线网络全覆盖、便捷的活动桌椅讨论教室、快速的机房上网服务等。

（3）加强网络教学平台管理

一个合格的网络教学平台需要一套系统的管理模式，才能保证平台的平稳运行。首先，制定和完善相关管理制度。学校要出台《网络教学平台管理办法》等相关制度并及时更新制度内容。其次，及时更新课程资源。及时了解网络技术与课程资源的发展动态，实时引入和更新网络课程资源。再次，做好网络教学平台管理服务工作。做好平台设备的日常维护、使用管理，及时排查故障，确保平台始终处于正常工作状态。最后，做好网络信息安全工作。严格执行课程准入制度，定期巡查入库课程内容，防止无关信息的渗入与传播。

（二）强化过程评价，注重实际效果

传统的课堂教学改革多以公开发表论文、提交研究报告作为改革的成果来呈现。慕课背景下的课程教学改革应建立过程性、多元化的评价标准，着重考核实际课堂教学效果，这就需要采用新的策略来重建课堂教学。

1. 重建课堂理念

传统的课堂教学中教师处于主导地位，教师控制着教学进度，课堂教学内容中的重点、难点均由教师来掌控，学生是被动接受知识的客体。而慕课的课堂教学翻转，教学的重心由原来教师的"教"转移到了学生的"学"上，部分内容则由学生通过慕课微视频来实现，教学中的重点是在教学情境中生成的，教师的工作重心在于课堂教学设计和辅助教学。在教学理念上发生了根本性的转变。

2. 重建课堂教学目标

传统的课堂教学主要在课堂上把基础知识和基本技能传授给学生。而慕课背景下的课堂"翻转"使教学目标重建成为可能。学生可以利用课下时间通过微视频来完成基本知识的呈现、讲述与传授，课堂则成为师生探究、问题解决、协助创新的场所。学生可以不受时间的限制来掌握基础知识和技能，通过自主学习，掌握学习过程中的重点和难点。在课堂中，学生带着自己的问题与教师探讨、交流，从而获得新的知识建构。

3. 重建课堂教学实施过程

慕课背景下的课堂教学由于教学目标发生了变化，所以教师需要重新组织和安排教学。在教学实施过程中主要包括课前自学、课中内化讨论、课后深化三个阶段。学生通过课前观看教师拍摄的视频完成初步知识、技能的接受和理解；通过解答教师预设的问题来检验学习过程中遇到的问题或不足；通过网络交换平台和同学、教师讨论学习中遇到的问题，将仍然解决不了的问题记录下来并带到课堂教学中。在课堂中，教师搜集学生提出的问题，通过讨论、讲解等给予现场解答。期间，教师给学生提出具体的实践活动任务，由学生自主探究或协助学习；在课后深化阶段，教师根据学生对知识的掌握情况，提出一些拓展性的实践任务，给学生提供在真实情景中解决问题的锻炼机会，同时辅以反思、活动，促使学生课后自主探究与反思，促进知识、技能的进一步内化、拓展与升华。

4. 重建课堂教学评价模式

慕课背景下的课堂教学，在教学模式和教学方式上较传统授课模式有很大的区别，更注重过程化考核和多元评价办法。这就需要教师在教学进程中分阶段对学生进行考核，考查学生对已学内容的掌握情况、学习能力、初步运用知识分析问题和解决问题能力。教师可以针对不同的课程性质和特点，选择平时作业、阶段测试、期中考试、研讨交流、答辩、调查报告、读书笔记、项目设计、实践操作、专业技能测试、课程论文、学生互评等灵活多样的考核形式，或采用方法的部分组合。慕课下的课堂教学，需要教师以全新的视角来审视教学，重视过程化考核，注重学习者实际学习成效。

（三）发挥慕课优势，助力课堂教学

教师要熟记慕课开发及管理相关知识，指导学生学习方式的转变，调整课堂教学知识结构，利用好慕课资源。重点在于教师如何更好地促进课堂讲授与学生慕课学习相结合、线下辅导与线上辅导相结合、自主开发的慕课与其他慕课资源相结合等问题。为此，教师需要做好以下三个转变：

1. 由统一化培养到个性化培养的转变

慕课体现了一种以学生为中心，以"学"为本的教育价值取向，重视激发学生主动学习的积极性，强调学生自主学习。班级授课制下预设的假设是所有的学生有相同的基础，培养出具有该课程基本知识和技能的学生，可以说是同一化培养。慕课则更注重学生个性化的学习需求，侧重差异化和个性化培养。

2. 由课堂教学到多平台教学的转变

传统的课程教学往往局限于课堂时间内，虽然也要求学生课前预习、课后深化，但缺少检验、交流的平台。而慕课给传统课堂带来了转机，教师可以利用现有的慕课平台课程资源，打破课堂时间限制，形成实体课堂和虚拟线上的合理衔接，由单一的课堂教学转变为丰富的多平台教学。与此同时，教师可以有效利用其他网络资源，如微信、微博、QQ空间等交流平台，来补充慕课资源的不足。

3. 由单向教学到多向互动教学的转变

线上平台的开放，无疑延伸了课堂教学时间，形成了师生、生生、个人和小组、小组与小组等多向互动局面。尤其是在"翻转课堂"中，教师的角色发生了重大变化，传统课堂中的基本知识在翻转课堂中教师不再讲授，而由学生课下线上学习。教师的角色由原来的"教学"变为"导学"，授课方式也由原来的单向教学向多向互动教学转变。

4. 由人工教学管理方式向智能化教学管理方式转变

运用慕课技术实现由有纸化向无纸化转变、由有人化向少人化或智能化转变。传统的教学资料中的教材、作业等多以纸质的形式呈现，而慕课下的课堂教学更多采用的是电子资料、视频材料、电子书、电子作业、帖子等，甚至考试也

在线上进行。这就要求教师适应无纸化现代教学的需要，更新教学技能，利用好线上资源，做好数据统计与分析。

（四）把握慕课发展趋势

1. 政府引导，把握慕课发展大趋势

（1）慕课类型发展趋势

从目前来看，慕课主要有两种形式：C 慕课和 X 慕课。C 慕课，"C"代表"连通主义"（Connectivism），认为知识的本质是"网络化的联结"。强调知识的获取"去中心化"及知识的创造与生成；强调的是同伴学习，其运行于开放资源学习平台。就目前的几大慕课供应商所提供的课程来说则属于 X 慕课，基本上还是传统的课程，即以教师课堂教学为主，只是通过现代的技术方式表达出来。由于 X 慕课简单易行、熟悉亲切，和传统教学模式相近，加上运营商不惜成本大力推介名校、名师、名课堂，目前发展比较迅猛。而随着先进的网络技术被不断用于高校教育，人们更重视"人"在慕课中的作用（而不仅仅是技术在慕课中的作用），从而将会把 C 慕课推向新的高度。

（2）慕课建设发展趋势

从目前慕课开发的主体看，主要有运营商、高校个体和高校联盟。运营商虽然有较大的资本投入，不遗余力地进行广告推广、技术更新，但必须依靠高校优质的师资进行"原创"，高校虽然有雄厚的智力资源，但往往缺乏资金的投入和技术的指导。鉴于此，就诞生了"校企合作"式的慕课开发和"校校抱团"式慕课联盟。从发展趋势看，这两种慕课开放模式都将有很强的生命力。但需要注意的是"校企合作"式的慕课开放模式，高校要重视知识产权保护及正确处理合作开放中的角色。在"校校抱团"式慕课联盟中，要处理好高校间的权利和义务关系，遵循互通有无、优质共享、凸显特色的原则。

2. 符合校情，稳步推进课堂教学改革

不同的高校有不同的教育使命，要量力而行。一是分类推进慕课建设。通识类选修课及部分专业选修课可以通过慕课的形式来完成，或尝试"翻转课堂"等教学方法，但专业核心课程要慎重推行。对于一些简单的知识点应鼓励通过慕课来学习。未来的课堂教学应更多体现知识的探索和师生的互动。二是引进与本土化慕课建设相结合。一方面高校要引进一些名校、名家的慕课资源；另一方面要立足区域联盟开发一些本土化慕课，凸显本校的办学特色。三是借鉴慕课优势，激活现有课堂教学。在普通的课堂中增添一些慕课环节，利用现代化的即时通信工具增强师生互动，把"静"的课堂教学变"动"。

3. 与时俱进，提升教学管理服务水平

传统行政化教学管理要向信息化学习与课程服务体系转变。努力为学生提供最优质的课程和个性化学习服务，为教师提供全方位的课堂教学支持服务。一方面，教学管理部分要充分利用大数据资源为教师提供个体化的"学情"信息，揭示在传统教育的经验模式中无法检测出来的趋势与模式，以便教师洞察学生是如何学习的，学生理解了什么、没有理解什么、是什么原因促使学生获得成功等关键问题，从而使教师能够卓有成效地开展因材施教；另一方面，充分利用现代信息技术，通过各种学习终端向学生推送选课、空余教室、作业、讨论、考试及相关教学信息，为学生提供快速、简单、直接的各种学习服务，让学生更高效地进行学习。

4. 着重引导，培养学生自主学习能力

虽然慕课落实了学习者的中心地位，拓展了学习方式的时间界限，创设了沉浸式、社交化的学习环境，但慕课自由化的学习方式，对学习者自主性和自我约束力及学习过程的可持续性提出了更高的要求。与此同时，海量的信息来源和知识资源，也容易使学生无所适从。因此，高校必须着力引导学生培养自主学习能力。

五、利用信息技术促进高校慕课教学

慕课的广泛推广离不开信息技术的运用。慕课时代，对高校教师也提出了更

高的要求，高校教师需要充分利用信息技术促进慕课教学。本节对利用信息技术促进高校教育教学的途径提出相应对策如下：

（一）教师个人制作动画、电子手写板书等新型慕课资源

慕课资源如果全靠院校管理者提供经费请专人制作，那平台的更新和有效应用将得不到保障。美国可汗学院的慕课视频就是利用录屏软件、电子手写板独立完成的，费用不高，完全靠可汗个人的发挥，在手写板上完成板书。技术和教学的关系应如何对待早已是人们探讨的话题，手写板书反映了教师的思维，对学生也有更深层的教学效果，将信息化技术的应用深入教学的精髓。此外，动画、电子手写板书完成的慕课资源在同等清晰度下能比课堂实录压缩得更小，有利于在线学习。

（二）将移动学习应用于开放课程资源的应用

目前，青年学生使用大屏幕手机浏览网络资源已经非常普遍，慕课资源如果不能在移动网络上方便点击观看就失去了生命力。因此，开发时间短、容量小的片段式慕课视频，并适用于手机平台浏览是目前最紧迫的工作，除了传统的网络课程，微信课程等新生事物也能应用于学生的在线学习。

（三）在试点专业进行慕课的研究

慕课是否适用于所有课程还需要研究，可以首先把部分专业开展自主学习、自我发展教学形式作为研究案例，从采用形式、条件、培养目标、管理形式、评价标准等方面做重点分析，以指导提升学生创新能力为目标进行开放教育资源应用。以国际商贸和模具类专业试点课程学习方法的转型为例，由于国际商贸系所面向的就业范围广泛、模具类学生毕业后转行的比例相对较高，为使专业培养适应工作岗位的条件，根据现在师资条件难以让每个学生得到全面发展机会的现实，每个专业方向通过专业教师管理引导并实施考核，学生自主选择慕课资源进行自主学习。根据部分高质量国外教学资源，访问速度不能保证及语言障碍等问题，学校应帮助解决，搭建良好的自主学习平台，提升学生创新综合能力。试点

专业可采用贯穿学程的学分制、专业选修课体系，提供教师自由安排学习模式的可能性。

（四）教师要正确认识教育技术对自身教学的重要性

在慕课大潮的冲击下，随着现代教育技术化程度的不断提高，高校教师只有及时将最新教育技术纳入自身的专业知识体系中，才能胜任新形势下的教学工作，专业化发展道路才会通畅，以慕课为代表的新技术应用并不只是专业教育技术人员的事，而是和广大教师息息相关。

六、慕课资源在高校中的利用

嵌入学科服务强调以"为用户"为出发点，将学科信息资源与信息服务融入用户实体空间或虚拟空间，构建一个满足用户个性化信息需求的信息保障环境。结合图书馆的实体空间将慕课嵌入学科服务进行介绍。

（一）实体信息共享空间

如今图书馆的实体信息共享空间发展迅速，包括各种形式的信息环境，如咨询空间、研讨室、学术报告厅、开放交流空间等，有的图书馆还以学科分馆为基础，按学科和专业对图书馆的空间和资源进行整合，为用户提供了更为便利的学科环境。慕课除了视频之外，还有非常重要的交互部分，那就是师生、生生之间的交流，可以借助图书馆的信息共享空间实现面对面的交互，如授课教师与学生之间大规模的异地实时视频讨论，可以在图书馆的学术报告厅进行，课后某一慕课学科学习小组的成员可以借用研讨室进行学习交流。利用信息共享空间，可以支持用户顺利开展慕课线下学习活动，同时学科馆员也可以和用户一起进入空间，提供咨询服务，可以依据课程内容提供纸本、电子的参考资源列表及网络开放获取资源的信息，对用户的学习提供帮助和支持。教师录制慕课课程可以借用图书馆的学术报告厅，获取配备音响、投影等较完备的课程录制环境和工具。

（二）学科服务平台

学科服务平台通常应包括学科知识资源、特色资源、学科信息门户、学科导航、学科咨询、个性化定制、主题服务、知识挖掘等信息，它是图书馆提供学科服务非常重要的窗口。目前，各高校的学科服务平台形式多样，有学科博客、专业的学科服务平台、自建的学科信息网页等，但无论哪种形式都可以将我们的慕课资源嵌入其中，为学科服务的内容拓展一个新形式。可以学习国外高校的方式新建慕课指南（或者慕课指南博客、慕课信息网页等），通过这个指南展示慕课宣传的信息、常见的综合类慕课课程、信息素养知识慕课课程、慕课版权等。学科类的慕课课程、特色多媒体资源、课程参考资源、学科专题信息、素养知识课程等信息嵌入发布到各个学科指南中去，方便用户按照学科获取，利用学科服务平台工具对本学科相关课程信息进行系统的收集、整理，并将学科服务平台上的常用专业资源（如电子资源、图书、信息门户等）整合，嵌入教师学生的研究和教学。

（三）移动图书馆

目前，国内高校推出的移动图书馆服务已经非常丰富，如手机短信服务、移动图书馆 APP 服务、微信服务、RSS（简易信息聚合）订阅等。移动图书馆服务借助网络技术与移动设备帮助使用者在任何时间、任何地点获取图书馆的相关资源与服务内容，馆员可以通过移动图书馆将慕课课程服务嵌入教师建设课程与学生学习课程的过程中去。

微信具有的基本功能为基于学科服务的慕课活动嵌入式服务提供了重要途径。基于语音文本交互和群聊的交互功能，可应用于慕课课程协作学习，实现师生与图书馆员之间的交互沟通。例如，学科馆员可以通过一对一或者一对多的方式回复某个学科群组里师生的咨询。基于微信公众平台的信息聚合与推送功能，可以开发慕课课程学科参考资源的订阅推送和自动回复响应功能，使师生能够检索和获取学科慕课资源，如推送信息素养知识的微视频，以及检索策略的编制、学科数据库的使用技巧、学科开放资源的获取与介绍等主题微视频，或者读者发送微视频的关键字,可通过微信自动响应发送相关主题微视频至读者的手机终端。基于微信公共账户的信息发布功能,发布慕课相关新闻信息。

RSS 个性化需求定制也可以为读者提供订阅推送慕课资源与新闻的服务。图书馆员发布信息时可以将慕课资源按照不同学科类别聚合,为读者提供分类查询的途径。读者进入图书馆 RSS 服务页面后,可以看到按学科排列的资源链接地址,读者用鼠标点击需要的慕课信息链接地址,从菜单中选择增加频道,粘贴上复制的信息链接地址即可。图书馆员也可以将慕课信息按照主题词和关键词进行聚合,为读者提供主题词和关键词的查询方式。读者进入图书馆 RSS 服务页面,可以按主题词和关键词进行搜索,如检索慕课版权、慕课工具、参考资源、慕课课程等关键词,然后将搜索结果中需要的信息资源链接地址复制粘贴到新建频道中。图书馆可以根据课程的内容设置、学生的在线咨询等提供配套于慕课教学的资料推送、个性化需求定制等服务。

图书馆员通过实体信息共享空间、学科服务平台、移动图书馆等途径,根据不同慕课服务的特色,选择较合适的途径传播给用户,教师与学生也可以通过这三个途径产生信息互动。

(四)慕课嵌入学科服务的特色

1. 促进学科服务的内容嵌入

学科服务是学科馆员主动深入教学科研活动中,帮助用户发现和提供更多针对性更强的专业资源。很多情况下传统教学和科研工作的模式使得教师、学生局限于自己的课堂、实验室,与图书馆员之间的交互难以深入并持续。通过将慕课资源嵌入学科服务,扩展学科服务的信息来源、信息形式,满足师生浏览学科慕课资源的需求,图书馆员有更多的机会将学科内容嵌入教学中去,提高学科资源的利用率。当然,这也要求学科馆员对现有的慕课资源进行搜集、评判选择、重组、分类、标记等工作,并与其他学科资源进行整合。

2. 促进学科服务的过程嵌入

学科服务需要深入了解读者的行为习惯、信息能力及信息需求,根据学科特征,为读者提供主动、个性化的服务。图书馆为慕课教学师生互动、生生互动提供了实体空间,使得学科馆员有机会参与教学活动,为教师提供数字化资源的内容支撑,了解教师与学生的实际信息需求,并提供相应的咨询服务,推荐参考文献,帮助学生利用图书馆资源解决慕课课程中遇到的难题。

3. 促进学科馆员专业服务水平

学科馆员在整理慕课资源的同时,对该学科优质的教学内容、学科领域的研究热点、该领域的学术专家等会有更深入的了解,能从一定程度上提升自身的专业服务能力,与教师和学生交流时,能更加了解其信息素养需求、教学需求,以做好辅助研究工作。学科馆员也可以自学一部分学科课程内容,结合图书馆员的专业知识,提升工作效率与学科服务能力。将慕课嵌入高校图书馆学科服务,试图找到一个馆员为教师教学和研究提供学科服务的小窗口,为新信息环境下赋予学科服务新活力提供一些思考,当然馆员也将面临更多的挑战,期望进一步通过实践开展相关研究。

七、慕课背景下高校人才的信息素养教育

我国高校慕课的建设步入稳定发展的阶段,而高校人才的信息素养教育仍未受到足够关注与重视,开设学生信息素养系列慕课是大势所趋。

(一)慕课与高校发展

慕课的问世与开放课件、开放教育资源有着密切的关系。可以说,慕课是在开放课件的热潮与开放教育资源运动的背景下出现的。

2000年,美国麻省理工学院提出"MIT开放课件计划",计划把该校所有的课程资料放到互联网上免费使用。2002年,该开放课件网站建成,该计划的提出与实施,不仅为师生提供了丰富的数字课程资源,向全世界宣传推广了开放课件的理念,而且在全球范围内掀起了开放课件的热潮,进而引发了一场高校教育

资源开放与共享运动。

2002年7月,联合国教科文组织在法国巴黎举办"开放课件对发展中国家高校教育的影响"论坛,正式提出了"开放教育资源"(Open Education Resource,OER)这一概念,并对其内涵进行了界定:OER是"通过信息通信技术为全社会成员提供的、开放的教育资源,这些资源允许被进行非商业用途的咨询、利用和修改"。开放教育的核心是免费和开放共享,并能够在任何时候、任何地方为任何人增加获得教育和知识的机会。从此,OER运动的浪潮席卷全球,得到国内外许多高校和其他机构的积极响应。

值得一提的是,2003年10月,我国教育部批准成立了中国开放教育资源协会,旨在推进中美两国高校之间的紧密合作与资源共享,致力于引进国外大学的优秀课件、先进教学技术、教学手段等资源,同时将中国高校的优秀课件与文化精品推向世界,搭建国际教育资源交流与共享的平台。该协会成员包括北京交通大学、北京大学、清华大学、北京师范大学等12所高校。

成立于2008年的开放课件联盟是OER运动的成果。该联盟的成员包括来自52个国家和地区的250多所高校教育机构和相关组织,开放共享了超过20种语言的1万余门网络课程。该联盟致力于推进开放教育及其对全球教育的影响,力求通过扩大获得教育的机会来解决社会问题。近年来,随着慕课的发展,全世界各大名校纷纷建立了慕课建设平台。

(二)信息素养慕课建设现状

在对中国慕课建设现状进行调查的基础上,为了解国内外信息素养慕课的开设现状,通过网络调查方法对网站上提供的20多个慕课平台上的1万多门慕课进行调查发现,开设信息素养慕课数量最多的是美国;其次是英国;再次是中国、加拿大、荷兰和爱尔兰。有关数字素养和计算机素养的慕课数量最多,共18门,占50%,这说明数字素养慕课受到了相当的关注。

在美国开设的20多门慕课当中,有4门课程的名称含有"素养",有关数字素养、计算机素养的有13门,有关科学素养的有3门,有关媒体素养的有2门。

开设的机构除了 7 所高校之外，还有地方政府的教育部门、教育基金会、教育机构和商业机构，类型多样，这些非高校的机构所开设的慕课内容丰富、范围广泛，生动有趣。值得一提的是，由微软公司开设的"数字素养与信息技术技能"为系列课程，共有数字素养、计算机基础、计算机安全与隐私、数字生活方式、信息技术原理、互联网与生产计划、生产计划、互联网与万维网等，包括阿拉伯语和英语的子课程。

当前国内外信息素养慕课的建设尚属起步阶段，呈现以下特点：一是欧美经济发达国家的信息素养慕课发展较为迅速；二是高校仍然是开设信息素养慕课的主体；三是内容主要集中在数字素养和计算机素养等领域；四是信息素养慕课数量少，参与机构不多。

（三）高校开设学生信息素养系列慕课

我国信息素质教育始于 20 世纪 80 年代，主要采用在全国高校开设"文献检索与利用课程"（全校公共选修课）的形式，对在校学生进行信息素质教育。尽管课程名称比较多，如信息获取与利用、信息检索与网络资源利用、现代信息查询与利用、文献信息检索等，但其课程的核心内容主要围绕文献检索的基础理论和基础知识、各科各类检索工具的基本原理及检索方法、主要数据库的利用、图书馆利用等。在进入信息社会的今天，该课程无论是形式还是内容均已过时，一方面无法适应社会发展和时代进步的需求；另一方面也无法满足学生对信息资源获取与利用及其他信息素养相关知识的需求。

近年来，国外高校纷纷从开设传统的文献检索课改为开设信息素养课程，国内也有些高校紧跟国际潮流，开始开设信息素养课程，如北京大学的"信息素养概论"、上海交通大学的"信息素养与实践"、深圳职业技术学院的"信息素养步进课程"、韶关学院的"大学生信息素养教育"等。

在高校开设学生信息素养课程，不仅能够培养学生的信息检索技能、图书馆素养、媒体素养、计算机素养、互联网素养、数字素养和研究素养等，而且能够培养学生对现代信息环境的理解能力、应变能力及运用信息的自觉性、预见性和独立性，从而提高综合素质。随着国内外高校开设慕课热潮的到来，开设学生信息素养系列慕课不仅必要，而且已经是大势所趋。高校开设慕课教学意义如下：

第一，慕课的交互性能提升学生信息素养课程的教学效果。与传统的面授课程相比，慕课的形式多样，有大量穿插于慕课视频中的交互式练习。这些练习不仅能帮助学生及时理解并巩固所学的内容，而且能够激发他们的学习兴趣，鼓励和引导学生更加积极地学习与思考，使他们从被动学习转变为主动自主学习，大大提高了学习效果。与此同时，慕课的交互性也有利于进行信息素养课程的模拟检索操作。

第二，慕课的开放性有利于面向全校本科生甚至社会公众开设学生信息素养课程。开放性是慕课区别于以往其他网络课程的最大特点，这种开放性特别适合开设作为全校公选课的信息素养课程，不仅因为学生都需要信息素养教育，而且因为社会公众也需要信息素养教育。因此，信息素养课程应该以慕课的形式同时面向在校学生和社会公众免费开放，使得更多的人有机会获得信息素养教育，提升自身的信息素养和综合素质。

第三，慕课的灵活性非常适合学生信息素养课程的模块化教学。由于学生有不同的学科专业，不同的学科专业对信息素养教育的需求各异，因此可分为人文社科、自然科学、理工、医学等四个模块，才能满足各个学科门类的需要。与此同时，还可以开发类似"插件和游戏"的模块，方便教师随时嵌入慕课当中，充分利用慕课的灵活性开展教学。

第四，慕课的互动性为信息素养课程中需要的多方互动与交流提供了有利条件。依托网络社区和社交网络进行互动交流是慕课的优势之一，它不仅可以开展学生与老师的互动交流，而且也可以进行学生之间的互动交流。学生可以围绕老师提出的问题进行交流和讨论，也可以开展基于网络社区学生群体的"同学互评"，增强了学生的参与感，也促进了学生之间的相互学习。

八、慕课在高校教育教学中的应用

慕课在教学理念、教学设计、教学模式、教学评价等方面都有独特的优势，并将改变高校的教学机制。

（一）慕课资源的优势对传统教学的镜鉴

1. 教学理念——"自主学习"对"接受学习"

现行的高校教育教学理念是"接受学习"，教师是教学的绝对主体，他们是知识的拥有者，以"传递高深学问"为己任，将教材上的知识及自身所拥有的知识以自己最擅长的方式教给学生，"教"完全支配"学"。而慕课的教学理念是"自主学习"。它将学习的主动权交给学生，允许学生根据自身知识、能力水平自主选择学习内容，自行把握学习进度，自主选择学习环境。一门慕课课程通常会持续几周至十几周，每周一次课，每次课一般几个小时，以事先录好的视频形式呈现。每次课程的视频又经过事先处理被划分为若干时长在 10 分钟左右的知识单元。这种设计的目的就是允许学生在学习过程中，根据自身的实际需要，自定学习步调，不必受传统教学的限制；允许学生根据自己的兴趣爱好选择学习自己感兴趣的内容；在学习环境方面，学生也可以自由选择在宿舍、教室、家庭等不同场所进行学习；在学习工具方面，学生可以选择台式电脑、笔记本电脑、手机等不同设备。由此可以看出，慕课所主张的是一种自觉、自愿、自立、自为、自律的学习，体现了"自主"的本质特征。

2. 教学设计——"技术性、便捷性"对"工具性、烦琐性"

慕课的教学设计是技术性和便捷性的统一。以 edx 为例，其课程的教学设计包括两大阶段：前期阶段和核心阶段。前期阶段主要是对学习者需要、教学目标和教学内容进行分析。首先，根据学习者的职业、学习背景对其学习需求进行分析；其次，根据不同类型学习者的需要，确定不同类型的教学目标；最后，根据对学习者需要和教学目标的分析，确定教学内容，并将其科学地划分为若干个相对完整且相互关联的知识点。核心阶段则是对学习资源、教学活动、学习评价和学习支持的设计。对学习资源的设计主要就是对教学视频的设计，它包括对教学视频的制作、视频内容的设计等方面；对教学活动的设计主要是对学习者个体活动、生生互动、师生互动的设计；对学习者个体活动的设计就是根据学习者的兴趣合理设置小测验或试题库，对生生互动的设计是根据合作学习原理合理设置小组互评等形式的活动；对师生互动的设计则是以注重交互性为前提，设计线上师生问答互动、线下博客、微信互动讨论等；对学习评价的设计就是根据学习者需要、教学目标和教学内容对相关内容的测验、作业及试题的设计；对学习支持的设计就是对学习资源、教学活动、学习评价等工作提供相应的技术支持。

3. 教学模式——"以学为本"对"以授为本"

传统课堂教学模式是"以授为本"，这体现了教师对整个课堂教学活动的绝对控制。也就是说，教什么、怎么教和教多久都由教师决定，较少考虑学生自身的需要和想法，学生只能被动地接受。而慕课是将众多优质课程资源置于专门的网络课程平台，供学生根据自身的兴趣、爱好和需要自主选学。其规模之大、时空范围之广、开放程度之高是传统课堂教学无法比拟的，其核心就是强调"学"，体现了"以学为本"的特点。这种从"以授为本"到"以学为本"的转变，归根到底是由慕课自身的特点决定的。首先，慕课的大规模和开放性为学生的自主选学提供了可能，而慕课简便的操作方式、低廉的学习成本使得这种可能变成了现实。其次，慕课的可重复性为学生正式学习之后的温故知新创造了便利条件，学生可根据自己的情况重复学习其认为重要的或必须掌握的内容。最后，慕课重视学生自身的体验和师生、生生之间的互动，有助于巩固学生的自主学习成果。体验是一种静态的自主学习，它突出的是学生对学习内容的独立认知和感悟；而互动是一种动态的自主学习，它突出的则是学生对学习内容的相互交流和碰撞。可以说，慕课是学生对学习内容的认知、感悟、交流和碰撞等的集合。因此，慕课的设计必须突出"以学为本"。

4. 教学评价——"重在评学"对"重在评教"

高校现行的教学评价主要是对教师教学过程及结果的评价，对教学过程的评价重在对教师授课过程的评价，而对教学结果的评价则重在对教师授课结果的评价。概括地讲，现行教学评价重在评"教"。然而，教学是由"教"与"学"两方面组成的，只评"教"就容易忽视"学"，也就无法真实、全面地反映实际的教学状况。事实上，检验教学效果好坏的标准只有"学"。因此，如何科学合理、切实有效地检验学生的学习效果是开展教学评价的根本。而慕课正是从这一根本出发设计的。

（二）慕课资源融入高校教育教学机制

1. 采用混合式教学模式，改善教学资源

教师可以借助慕课平台获取备课所需各种资料，无须再受场所限制；学生可以在任何一台互联网电脑上以在线注册的方式学习这些课程，享受全球教学资源，无须再受几百人共同上课的困扰，也不必再担心不能正常上实验课等问题。因此，将慕课融入传统教学，可以切实改善高校资源短缺的现状。具体做法是：课程开始前，教师将所授课程内容按课时划分后，上传至慕课平台，并给学生详细安排每节课的自学任务。然后，学生在每节课开始前自学慕课平台上的相关内容，并完成习题和小测验。在学生自学期间，教师每周组织一次线下讨论课，安排学生针对自学过程中的疑难问题开展小组讨论；之后，教师再针对课程中的重点内容提出若干问题，由学生回答，并进行点评讲授。在这个过程中，教师只是一个引导者，在适当时候负责牵线，大多数时间都是学生发言。这种"自学、讨论、讲授"的混合式教学，是慕课资源嵌入高校教育教学较为理性的模式。

2. 实施"双师教学"项目，提升教师专业化水平

在慕课平台上，教师资源非常充足，且不乏许多世界知名高校的优秀教师，每一门课程均由1~2名优秀教师主讲，有的课程还配有2~3名负责线上课程测评及论坛区工作的课程助教和论坛助教。如此充足的教师资源是传统教学无法比拟的。慕课平台上的每一门课程，都可以供成百上千，乃至几万、几十万学生共同选择学习。因此，可以引入慕课平台上的优秀教师资源；对于一些慕课平台和高校共有的课程，高校可以尝试让全校学习同一门课程的学生在规定的时间内，在

慕课平台上按要求自学该门课程的主要内容，并完成课程测评及讨论。之后由本校教师集中时间开展辅助教学，主要针对学生在慕课学习各环节中所遇到的问题进行及时解答。这样就形成了集高校与慕课平台教师资源于一体的"双师教学"。在慕课平台上，一方面学生可以在规定时间内完成课程的学习；另一方面教师也可以从优秀教师身上学到很多平时无法学到的知识、授课技能与方法等。可以看出，这种"双师教学"既是一种新型的远程教育教学模式，又是一种可行的教师资源共享途径，还是一种便捷的师资培训方式，可以使更多高校共享优质教师资源，从而促进其教学质量的提高，提升教师专业化水平。

3. 拓宽信息来源渠道，开阔师生视野

借助慕课平台，高校师生不需要进图书馆就可以学到丰富的知识；可以了解到国内外学术团队运作的基本情况，通过线上交流使线下学术合作成为可能；可以把握相关学科最新的研究进展和发展动态，还可以接触国内外先进的教育理念和教学方式。世界知名慕课平台之一的 edx，目前拥有来自世界各地的 10 多万名学习者，可以在全世界任何地方学习哈佛大学的"古希腊英雄"、加利福尼亚大学的"幸福科学"、芝加哥大学的"城市教育中的关键问题"、北京大学的"化学与社会"、清华大学的"中国建筑史"等来自世界 100 多所名校的 300 多门课程，这些课程充分体现了相关领域最先进的思想观念、最丰富的研究手段、最多样的研究范式。因此，高校可以借助"双师教学"的运行方式有效利用慕课提供的信息，丰富课堂教学内容，拓宽信息来源渠道，开阔师生的视野。

4. 加强师生对外交流，提升高校国际化水平

慕课的到来，给高校的对外交流也提供了极大的便利。教师不出校门就可以与国内外名校名师在线进行学术及思想的交流；学生借助电脑和网络，也能够与名校名师进行线上或线下的讨论交流。许多慕课课程都有极其富有生气的讨论区，国内外不同学校同一学科的教师之间可以针对所教内容中的重点、难点及最新研究动态进行线上交流；数以千计选择同一门课程的学生以他们特有的方式与教师、同学开展交流，如微博、微信、QQ 群等。通过不同形式的交流，达到共

享学习内容、分享学习收获、共同感受学习乐趣的目的。高校可以以慕课平台作为拓展师生对外交流的起点，通过线上多次交流为线下交流奠定基础，使对外交流从线上最终延伸到线下。因此，高校可以借助慕课平台增强广大教师对外交流的意识，调动其积极性，并以慕课为中介，为广大教师提供线下的对外交流机会，不断开放线下对外交流渠道，最终提升其国际化水平和竞争力。

第三节　高校教育教学创新之微课

微课的兴起为课堂教学的革新提供了一条有效的途径，也对提升教育公平和质量、共享优秀的教育资源、满足学生的个性化需求、实现随时随地的学习提供了有力的保障。翻转课堂正是建立在微课的基础上对传统教学方式的一次变革。

一、高校微课教学模式

（一）翻转课堂

根据教育心理学相关的研究成果及翻转课堂教学的实践，提出一个O-PIRTAS翻转课堂教学法，作为教师在教学中应用翻转课堂一个可依据、可操作的模式。O-PIRTAS 是英文单词 Objective、Preparation、Instructional-video、Review、Test、Activity、Summary 的缩写，分别表示实施翻转课堂的几个必要环节：教学目标、课前准备、教学视频、视频回顾、知识测试、活动探究及总结提升。教师可以根据这几个步骤具体实施翻转课堂教学。下面对 O-PIRTAS 翻转课堂教学法进行具体的阐述。

1. 确定教学目标（Objective）

为了帮助教师更容易地区分教学目标的种类，结合已有关于教育目标分类的理及翻转课堂教学模式的特点，笔者认为大致可以把教学目标分为两大类：知识性目标和能力性目标。知识性目标属于初级目标，主要包括对知识的记忆和理解。

能力性目标则属于高级目标,包括布卢姆教育目标分类中的应用、分析、评价、创造等高级认知目标及情感态度、价值观、批判思维、自我认识、学会学习、沟通合作等能力和素养。

需要特别指出的是,这里的能力性目标除了包括通常意义上的能力(如应用能力、分析能力、沟通能力),还包括情感、品格、态度等内容,称为素养性目标可能更为合适。但是这里为了方便教师的理解和操作,并与知识性目标相对应,我们统一把这些素养称为能力性目标。知识性目标是最基础的教育目标,脱离了知识性目标,能力的培养就失去了基础。但只满足于知识性目标是远远不够的,教师需要在知识性目标的基础上进一步发展学生各方面的能力和素质,才能培养出符合社会和时代发展要求的人才。

把教学目标分为知识性和能力性目标两大类,与学者彭明辉和Marton等人对教学目标的分类有相通之处。彭明辉和Marton等人把教学目标分为直接目标和间接目标两种,直接教学目标是指学习的内容性知识,比如,化学反应率,经济学的供应和需求;间接教学目标是指学生通过学习内容性知识能够发展的能力,比如通过实验计算某种化学反应的反应率,或者能够使用供需的同时变化来解释某种商品市场价格的变化。这种分类的直接教学目标类似我们的知识性目标,而间接教学目标则类似能力性目标。

把教学目标分为知识性和能力性目标两大类,可以帮助教师比较直观地分析教学目标并应用于教学设计之中。对教学目标的分类是跨学科和年级的,我们认为对于任何学科和层次的教学,都可以分为知识性和能力性这两类目标,教师要根据具体教学实际设计这两类目标,以保障教学的有效实施。知识性和能力性目标的分类还符合翻转课堂教学模式的特点。总的来说,翻转课堂的课前、线上、课外自学部分主要是围绕着知识性目标展开的。翻转课堂的课中、线下、课内集体学习部分则主要围绕着能力性目标展开,因此明确两类教学目标对后面开展翻转课堂各环节的教学具有统领作用。

应该认识到的是,对教师的工作和价值来说,知识性的教学是相对比较容易被代替的，或者说不是教师的主要价值所在。今天信息社会区别于以往社会的一个重要特征就在于知识的获取十分便捷，教师不再是知识的唯一来源，甚至也将不是主要来源。当前网络上具有各种丰富的资源、搜索引擎，甚至包括慕课、可汗学院在内的各种优质教育资源，都可以成为学生获取知识的重要来源。可以说，每位高校教师在学校所教的课程，基本上都可以在网络上找到相应的慕课资源。而且这些慕课课程都是名校（比如哈佛大学、麻省理工学院、斯坦福大学）名教授精心制作的课程。从知识的角度，这些慕课和知名教授是学科知识的代表，比大多数教师更具权威性、系统性及准确性，完全可以取代教师成为学生获取知识的途径。未来随着人工智能技术的发展，人类在知识教学上的优势就更加荡然无存了，人工智能完全可能成为一个比人类更好的教知识的老师，这是大势所趋。

相对于知识性的教学目标来说，能力性的教学目标是人类教师的独特优势。能力性目标涉及人类情感、创造力、沟通、合作这些人类所特有的品质，是人工智能所不具备的。因此，未来教师的主要工作和价值应该体现在对学生能力性目标的培养上。

明确教学目标是成功实施翻转课堂教学的首要环节和先决条件。翻转课堂教学不满足于只是完成知识性的目标，而是更加注重能力性目标。知识性目标基本上可以通过视频让学生在课前自学完成，实体课堂则主要被用来发展学生的能力。

2. 课前准备活动（Preparation）

课前准备活动主要有以下两个作用：

第一，提高学生学习的兴趣和目的性。认知目标是形成学生学习动机的一个关键因素，个体只有对未来的学习目标产生期待时，才会发生有意义的学习。研究表明，学习的过程往往是从整体到部分的过程，学生了解了学习的总体目标之后，再进行分解学习的时候就会更有方向性和目的性，学习效果也会更好。在实际教学中，教师要通过课前准备活动先让学生明确学习目的，使其对未来的学习结果产生一种积极的期待。如果教师通过课前导入活动，在正式教学之前告诉学生本次学习的目的和作用,那么就能够激发起学生学习的兴趣,并让他们的学习具有指向性。

第二,课前准备能为之后的视频学习打下良好的基础。在教学形式的顺序上,翻转课堂和传统课堂还是一样,都是先讲后练的顺序,并没有进行翻转。教师的讲授是需要一定的时机、条件或基础的,讲授要发挥作用需要学生具备一定的先前知识,学生在努力思考、探索、挣扎过某个问题或情境之后能更好地理解讲授的内容。虽然学生在接受讲授之前进行的问题解决和探索可能是不成功、不正确的,但是这种尝试有利于图式编码和整合,能够帮助学生认识到自身先前知识的不足,还能通过对比正误解法来让学生注意到学习的关键特征,从而为之后接受教师系统地讲授打下必要的知识基础。

那么,什么样的活动能够帮助学生形成必要的先前知识,为下一步接受讲授打好基础呢?国外学者 Schwartz 和 Bransford 建议可以通过让学生对比相关概念或原理的多重样例,来帮助学生注意并理解样例之间的区别,发现知识的结构性特征,从而发展出辨别性知识。这些辨别性知识是理解之后系统讲授的重要基础。学者 Kapur 提出有益性挫败理论,他建议在直接讲授之前让学生先进行探索性的问题解决,让学生使用已有知识探索问题的解法,有助于图式建构,投入更多的认知资源,发现不平衡并意识到自身先前知识的有限性。学生还可以通过对比不同解法的异同,来发现新知识的关键特征并更好地进行编码。我们基于变易理论的研究成果发现,对比学习对象的多重样例能够帮助学生审辨出学习的关键特征,这些审辨出来的关键特征为之后的系统讲授奠定了基础。我们还进一步提出对比、分离、类化、融合四种变与不变的范式用来指导多重样例的设计。多重样例之间应该变化一个关键特征,让学生首先单独审辨出这个变化的特征。在学生单独审辨出多个特征之后,再让学生对比同时变化多个关键特征的多重样例。

在学生正式学习教学视频之前,先通过相关的探究活动让学生进行适当的学习和探索,激发学生的学习兴趣,并准备好必要的先前知识。课前准备活动可以让学生带着兴趣和疑问进入视频的学习,将能够显著改善视频教学的效果。

3. *课前教学视频*（Instructionalvideo）

在完成课前准备活动之后，学生需要在课前自学教学视频。翻转课堂的教学视频可以是教师自己录制，也可以使用他人录制的视频。教学视频形式可以多样，内容主要反映的是教师在传统课堂中的讲授部分，视频学习部分主要对应的是前面制定的知识性的教学目标。

目标的实现并不需要在实体课堂中接受教师的实时现场指导，或者与同伴进行互动合作。高校学生通过自学教学视频就可以在很大程度上完成对知识的记忆和理解。此外，在这个环节还可以充分利用信息技术和多媒体的优势，让整个知识的教学过程更加有趣、生动、高效。从知识性的目标来说，一个制作良好的教学视频或者在线课程，其教学效果可以达到甚至超过教师在实体课堂的讲授。即使是一个质量一般的教学视频也能在很大程度上完成知识的记忆和理解目标。

4. *课堂视频回顾*（Review）

学生完成线上视频学习之后，就进入线下实体课堂进行学习。通过教学视频，翻转课堂把知识的学习移到课外，大量的课堂时间可以被用来进行问题解决、合作探究等活动。有些教师可能会在线下上课的时候，马上给学生呈现的问题进行解答或布置活动进行探究。但是根据我们的实际教学经验，我们建议在实际开展课堂活动之前，教师应该首先简要回顾一下课前教学视频的内容。这是因为一开始上课就直接让学生回答问题，会显得比较突兀，学生也会难以适应，难以营造良好的课堂氛围。有研究表明，学生在上课之初往往需要3~5分钟才能静下心来，短暂的过渡之后精神才会非常集中，注意力才会高度专注。此外，学生虽然已经在课前完成对视频的学习，但是视频学习距离上课已经过去几天时间，学生一时可能难以迅速回想起视频的内容，尚未从心理上完全做好准备，这时候马上做题、考试，会引起学生心理上的抵触。

线下课堂首先起始于对课前视频的知识回顾，视频回顾不是对视频知识的重新讲解和详细分析，而是提纲挈领地帮助学生回顾内容，把握知识结构。学生课前如果没有学习视频，仅仅是通过短时间的视频回顾是无法完全掌握知识的；如果课前已经完成视频学习，视频回顾则可以帮助他们迅速唤醒记忆，把思维集中到课堂的主题上，为课堂之后进行的问题解决和探究活动打好认知基础。

5. 课堂知识测试（Test）

教师带领学生回顾完视频之后，就进入课堂知识测试部分。翻转课堂的先驱Bergmann 和 Sams 最早使用翻转课堂进行教学改革的时候，就是在课堂上让学生在教师的监督和指导下完成家庭作业的。教师通过作业考查学生课前视频的学习和掌握情况，然后针对学生在做作业中出现的问题进行指导和讲解。测试就是教师通过提前设计好的问题来考查学生课前对视频内容的学习效果，主要还是针对知识性的教学目标。课堂知识测试环节有以下两个目的：

第一，检查学生课前是否观看了视频。很多教师在实施翻转课堂的时候，都会担心学生课前没有提前观看视频，导致无法有效参与课堂活动。因此，为了检查学生课前是否观看了视频，教师上课时可以设计一些比较简单的题目，考查事实性信息。学生如果在课前提前观看了视频一般都能正确回答，如果没有提前观看视频则无法正确回答。通过这部分问题，教师可以发现那些没有提前观看视频的学生。学生只要观看了视频，就可以正确回答题目。回答错误的学生，基本上可以认为是没有提前观看视频。

第二，课堂知识测试的目的是检查学生课前是否看懂了视频。课堂测试的主要目的是检测课前视频的学习效果，虽然我们预期学生通过自学教学视频能够完成大部分的知识性目标，但需要承认，学生只是学习视频可能还无法完全掌握一些教学难点。因此，教师需要在课堂上有针对性地设计一些比较难的问题，用来检测学生是否真正掌握了该教学难点。教师可以根据学生对问题解决的情况，决定怎样进行相应的讲解。如果大部分学生的回答正确，教师可以略过不讲；如果很多学生的回答错误，则表明课前视频的教学效果不好，教师就需要仔细分析学生的错误，并进行有针对性的讲解，学生课堂问题的回答情况将被计入课程总分。

在这个环节中，教师需要及时掌握学生问题的回答情况，才能决定是否进行指导、指导什么、指导多少、怎样指导。教师可以利用一些信息化互动工具来实现这一点，这些工具可以帮助师生实现课堂测试的即时互动和反馈，提高教学效果。

6.课堂活动探究（Activity）

课堂测试之后，就进入课堂活动探究部分，教师需要设计相关的课堂教学活动以完成前面制定的能力性的教学目标。大量的课堂时间可以用来互动、探究、问题解决和个别化指导，进行高水平的认知活动（应用、分析、评价和创造）。如何有效利用这些上课时间创设有意义的学习活动，让学生在深层参与课堂学习中，就成为翻转课堂能否有效实施的关键。

教师要根据具体的教学目标，综合使用问题解决、合作、辩论、汇报、角色扮演、实地考察等多种形式设计课堂活动。教师在设计课堂活动的时候要注意与基于问题的学习、基于项目的学习、基于游戏的学习、同伴教学案例教学等比较成熟的学习模式结合起来。这几种教学模式都强调以学生为中心进行合作、探究、互动，因此可以与翻转课堂做到无缝对接。在使用这些模式的时候，教师要注意具体的操作原则和使用方法，使得活动向深层次探究，从而有效地实现教学目标。这需要一个借鉴、学习、实践、反思、改进和提高的过程。

除了应用一些成熟有效的教学模式和方法设计课堂活动，教师还应该帮助学生改变学习的观念和习惯。教师需要为学生搭建脚手架，教给学生讨论和合作学习的技巧，有效支持学生进行学习。学生需要学会如何准确地表达自己的观点、倾听他人的思想、回答问题或辩驳他人的观点。在自主学习方面，教师应该在学期初就告诉学生为什么改变学习模式、怎样改变学习模式，向学生分享好的案例，设计适合自学的任务单，提供多样化的自学资源，利用网络实现学生之间的问答互动，要求学生依照任务完成单自我核对和评价自学成果、给自主学习环节合理的课程分数、上课开始时进行一个小的阅读测验等。

教师应该加强教学法的学习，尤其是对这些比较成熟的教学模式和方法的学习和应用，将成为教师一项必备的能力。随着未来技术的发展，教学的知识性目标基本上可以被技术所取代,教师将真正成为学生"灵魂的工程师"。未来优秀的教师将是会用、善用技术者,把技术能够完成的任务交给技术,自己则通过组织教学活动培养学生的能力,在人类擅长的合作、情感、沟通等领域发挥重要作用。

7. 课堂总结提升（Summary）

在完成课堂测试和活动探究之后,教师需要对整个教学过程和内容进行总结,提升学生的学习和认识。学生从最初的课前准备活动,然后学习各种教学视频,再到课堂回答问题,进行活动探究,整个学习内容丰富、时间较长,对很多学生来说,可能无法完全把握住重点。因此,教师最后需要进行适当的总结、归纳和提升,帮助学生提炼出最核心的学习内容,以形成完整的认识。此外,教师也可以利用课堂最后的时间开始下一个O-PIRTAS教学循环,进行下一次课的课前准备和导入活动,引起学生的学习兴趣,或者布置课前探究活动,为下一次的视频学习做好准备。至此,整个O-PIRTAS翻转课堂教学的闭环形成。

O-PIRTAS翻转课堂教学模式从教学目标的确定,到课前准备活动、课前教学视频、课堂视频回顾、课堂知识测试、课堂活动探究、课堂总结提升,包括课前课中课后、线上线下、课内课外、知识能力不同维度。该模式为教师在教学中实施翻转课堂教学提供了实际可行的指导,可操作性强。每个环节都有相应的教学心理学的研究成果作为支撑,合理性高。

（二）知识微课

知识微课是指以通用知识技能为主,每节微课围绕一个知识点展开的微课形式。知识微课又分为知识类面授微课和知识类电子微课两种模式。

知识微课主要用来传授通用原理、方法、工具等,是学生需要掌握的基础知识和基础技能的应用。这些知识需要学习者自己根据实际的场景进行转化和应用。知识微课开发者需要系统化的理论知识和丰富的教学设计能力,因此更适合教授、咨询顾问、培训讲师来开发。

（三）情境微课

情境微课是指根据特定的环境、任务、场景展开的微课教学活动。情境微课分为情境类电子微课和情境类面授微课。

1. 情境微课的价值

第一，情境微课是针对具体工作场景，尤其是挑战性场景和痛点场景开发的。这些场景能够与企业业务改善需求快速对接，也符合学习者改善工作方法和提升绩效的需要。

第二，萃取教授头脑内的隐性知识转变成组织经验并快速复制推广，是高校教育教学学习的一种重要手段。情境微课开发提供了这样一种载体，通过聚焦特定情境和问题，借助教授丰富的实战经验及反思总结，萃取高价值的知识，并通过课程实现转移。

第三，情境微课来自实际工作典型情境，与学习者遇到的问题和挑战一致，学习内容非常容易应用到实际工作中。

第四，情境微课需要多个教授结合实战经验进行深入讨论，萃取关键知识、梳理方法论、挖掘典型案例，这个过程同样是教授能力升华的过程；同时，课程设计或课程面授又提高了专家辅导能力，使具有丰富实践经验的教授成为实践＋理论＋传承三位一体的教授。

2. 应用领域

情境微课主要用来传授特定任务，在场景中需要的整合性知识、技巧，学习者可以直接模仿和借鉴，容易转化和应用。这就要求情境微课开发者有丰富的实践经验，能结合特定情境中的挑战点、痛点、难点提炼出有针对性的知识，因此适合有专业知识的教授开发。

3. 情境微课的开发模式

在情境微课开发过程中，企业一般会采取两种模式。

第一，个人经验分享式。常见的模式是专家案例分享课程，这种模式简单且易于操作。通常结合自身的典型案例进行个人复盘，总结经验教训或方法窍门后，利用简单课件工具就可以制作完成。通过鼓励教师和更多人分享，经过简单制作就可以获得大量微课。尽管这样获得的微课质量参差不齐，但是可以通过评价、点赞等机制，筛选出一批有水准的课程，然后进行深度萃取。

第二，组织经验萃取式。、焦点小组等多种形式对组织经验进行深度萃取，最终形成可以复制的策略、方法、工具、诀窍等，同时输出具有典范和对比效应的正反案例。

二、微课的开发制作

（一）微课的开发制作过程

微课的制作是一个较为复杂的系统工程，一般要经过前期的可行性分析、分析知识单元、确定序列结构、设计教学内容、设计教学交互、脚本编写、视频开发与制作、微课实施设计、反馈与优化等几个基本环节。

1. 可行性分析

微课的可行性研究是对微课开发进行技术性、科学性和实用性的论证。其基本任务是通过调查研究，综合论证一节微课在教学上是否实用和可靠，在学生学习上是否有需求，在经济上是否合理（制作成本和利用率），在开发过程中是否有技术和人才的保证。微课的可行性研究主要考查点有以下几个方面：

（1）微课开发在课程中的必要性

微课开发者需要对课程有全面的掌控，包括微课开发的内容和可利用性。合理确定哪些知识点必须开发微课，哪些知识点不宜开发微课。应选择有代表性、普遍性及关键知识作为微课的开发对象。

（2）微课对学习者的作用

分析学生的思维和认知特点，回答为什么该知识点会成为学生学习的难点或重点，分析微课表现什么内容和采用什么形式更能适合学生的微学习方式。

（3）微课开发的人才和技术保证

微课主要格式有视频、动画和音频。对于视频制作，需要有视频拍摄和后期制作。对于音频，需要音频制作和素材整合。因此，微课开发需要有掌握一定视音频制作技术的人才。

（4）微课的后期利用率预期

可行性研究还要考虑后期的利用率，要分析学生对该知识点的学习是否有较大的需求，明确需求量不大的知识点不适合制作微课。要考虑开发后微课是否具有较高的访问量，在课程教学中的地位是否举足轻重。要根据以往的教学经验给出预期的利用率，也可以通过网上问卷形式得出结论。

（5）微课开发的成本分析

微课开发的成本主要有脚本编写、视频拍摄、视频制作、3D制作、字幕制作、配音配乐、服务器租用等。但是，微课一般不使用高分辨率的视频格式，其目的是方便网络传输。所以，对计算机等硬件要求不高，主要是软件技术的制作成本和人工费。

2. 分析知识单元

知识单元是每节微课向学生展示的知识内容，分析知识单元是微课程设计的首要任务。知识单元的设计要符合教学目标，所以分析知识单元分为两个过程：分析教学目标和建立知识单元。

（1）分析教学目标

微课程的教学目标有两个层级：一般性目标和一般性目标指导下的详细目标。

一般目标分为三个维度：认知目标、情感目标、技能目标，以这三个维度为指导性目标，用于指导微课程类型。微课程可以按照目标的不同维度，分为认知型微课程、情感型微课程、技能型微课程。

（2）建立知识单元

建立知识单元包括两方面的含义：一是要梳理目标和知识单元的关系。知识单元的微小和单一的特点，决定了知识单元所能承载的目标不能太多、太复杂。二是我们通过分析教学目标，将教学目标组织成知识单元目标，其中不仅要有知识单元体量、难度上的考虑，还要考虑到是否需要设置成独立的知识单元，是否需要补充额外的知识单元。如果微课程作为课堂教学的辅助性资源，则不必每个知识单元都设计成微课。如果微课作为开放的课程补充，则要按需求增加大纲以外的内容。由此可见，从课程目标到微课程知识单元的过渡，同样需要按需设计和筛选。

同时，设计知识单元也需要坚持一定的理念。教材中的单元之间有很强的逻辑性和连续性，单元之间层层推进。但微课程里的知识单元不同于教材的单元，具有体量小、相对独立、半结构化、开放性、生成性的特点。相对独立的特点使微课程中的每一节课都可以被单独拿来学习，用以深化或拓展学生某一方面的知识、能力或情感。半结构化可以让微课更加灵活地适应教学内容，类型丰富多样。开放性让微课作为相对独立的单元，可以通过适当的接口，与其他微课形成或纵向或横向的联系。生成性则让微课不断优化、更新或维护，以适应日新月异的新知识环境。

3. 确立序列结构

将知识单元分析出来后，需要组织成一定的序列结构。此处的结构化与微课程的半结构化所指不同，并不矛盾。微课程内部半结构化是指媒介微课程的结构，知识单元间的结构化能够更好地与教材知识体系相结合，让微课程更系统地为课程教学提供服务。同时确立序列结构时也要尽量保持完整性和灵活性相结合。完整性使得微课程具有完整的培养体系，能够照顾到大多数的学生，让普通学生通过连续学习，完成教学目标的要求。同时，灵活性也兼顾学生的个性化差异，在"完成微课程学习即达到相同水平"的前提下，让不同能力背景的学生可以有选择性、有主次地学习。

一般依托教材开发微课程，知识单元的串行化比较简单。在分析出知识单元后，按照教材目标体系即可确立知识单元的序列结构。串行化过程可以自上向下逐步细化，从抽象到具体形成学习目标树，目标树的最底层枝叶为拥有具体目标的知识单元。

一些微课程整体或局部针对的教学内容并非教材内容，内容中各知识单元之间的关系复杂、凌乱或不清晰。当分析的各级教学目标不具有简单的分类学特征，或者其中的概念从属关系不太明确，也不属于某个操作过程或某个问题求解过程时，使用 ISM 解释结构模型分析法比较合适，其包括以下几个操作步骤：抽取知识元素，确定教学子目标；确定各个子目标之间的直接关系，做出邻接矩阵；利用邻接矩阵求出教学目标形成关系图；利用关系图拆分成关系树；对关系树进行后续整理并取消重复项，以此来生成目标序列。求出的关系图即可以用来完成知识单元串行化。

4. 设计教学内容

设计教学内容主要包括课本内容设计、辅助内容设计，目的是形成微课程资源包。从教材分析中得到的知识单元内容，是单节微课的主题。教材内容的主要呈现方式是微视频，微视频依据不同的微课程类型，也会有一些不同的特点。

（1）主题设计

首先，微视频要依照知识单元的内容设计重难点。因为知识单元本身就是粒度比较小的知识点。一般情况下，一个知识单元只包含一到两个重难点。其次，对于以知识掌握为主题的认知型微课程，微视频的重点就在于理解基本概念、基本原理，难点就在于对复杂概念和原理的掌握。以情感、态度和价值观培养为主题的情感型微课程，微视频应以学生情感体验为主，主题应该是与生活结合紧密的案例。通过对案例的展示和讲解，体现出教师对案例本身的情绪、态度、价值判断、理性思考，从而将价值观传达给学习者。技能型微课程的主题是展示技术动作、技术流程、操作标准、操作判断、应急处理等技能。例如，体操教学中的分动作讲解、实验课的操作流程和注意事项、防火防震技巧讲解等。

一节微课程不会只包含一种维度的培养目标，可能包含两种或三种维度，我们称为混合型微课。这种微课的主题设计，首先要分清培养目标的主次；再次要依据主次，对微课进行灵活的混合式设计。

（2）过程设计

微视频是课堂教学的浓缩再现，其过程简洁而完整，整体时间约为 10 分钟，最长不宜超过15分钟。在这简短的时间内，要完成课题引入、内容讲解、总结收尾等过程，必须要求节奏适宜、不拖泥带水。

第一，快速引入课题。迅速地接入主题内容，给学习者搭建环境或脚手架，可以更好地开展课程学习。课程可以以开门见山的方式，或者以一个有趣故事、一道问题求解、一段悬念入手，让学习者迅速产生兴趣，了解本课程所授知识点的内容。微课导引部分要求切入主题的方式力求新颖和引人注目，此部分时间不宜过长，半分钟到一分半钟之间即可。

第二，内容讲解主干清晰，理论简而精。引入部分之后便是内容讲解，依照知识单元的内容要求、课程培养目标、微课类型特点展开主题讲解。讲解时主线要明确，主干突出且逻辑严谨，学习者不产生新的疑问。去掉可有可无的举例、证明，案例尽量精且简，力求论据准确和有力。内容主干的讲解形式应该多样，依据课程知识点的特点，可以用问题启发式、案例讲解式、故事隐喻、正反对比等技巧，在短短几分钟的讲解中，吸引学生保持注意力。

第三，总结收尾快捷。总结作为内容讲解后迅速开展的一项重要工作，可以帮助学生梳理脉络、查缺补漏、加深记忆，也给学生一定的时间吸收新知识，与已有的知识经验相结合。好的总结往往一针见血、富有特色、简洁新颖，在课程中起到画龙点睛的功效。

第四，提供测试题和布置作业。总结后提供经典例题的讲解，抽象的理论需要实践经验的基础。这一部分，可以让学生在解决问题的过程中，将内容讲解和总结过程中不能完全消化的部分再次加工和认知。这部分是否存在或具体比重，可以根据实际情况而定。教师可以通过布置作业，让学生课下练习。利用云端一体化平台，师生的作业检查、讲解、答疑等过程均可以延续。

（3）教学语言设计

在微视频的拍摄过程中，由于节奏较快，教师往往不能很好地控制讲解时间，所以提前设计好解说词、讲解结构就尤为必要。教学语言力求精简、明确，富有感染力，最好多用手势、表情。对于重点和难点内容，将关键词提取出来，在实际讲解中要紧密联系关键词逐条展开。

在认知型微课程的教学中，教学语言要注重对关键词、关键原理的复述。依照认知心理学原理，短时记忆经过精细复述可以转化为比较牢靠的长时记忆。在情感型微课程的教学中，要注意用词恰当，将语言的情感与课程情感态度培养方向调整一致，用富有感染力的语言向学习者传达思想和价值观。在技能型微课程中，教师的操作动作与语言紧密结合，教学语言要客观明确，准确客观地描述每一个动作和步骤。

（4）辅助内容设计

微视频是微课程的核心资源，除此之外还应有辅助性内容资源支撑和完善课程。辅助内容从微视频的内容关系上可分为支持性内容、外延性内容、平行性内容。这些辅助性资源，可以通过视频、图文、链接等方式给出。

支持性内容就是对课程内容本身的知识点进行逻辑支持、例证支持、基础理论支持、经典问题解决过程支持的支撑性材料。因为微视频时间较短，例证部分、例题讲解部分也力求精简，所以有些内容可以作为支持性内容存放在微课程资源包内。

外延性内容是与课程内容紧密相关的延展性知识。依照最近发展区理论和个性化学习理论，学生在完成课程内容主题学习以后，可以对自己感兴趣的知识进行广度和深度上的进一步探寻。这种探寻基于兴趣、情感等内驱力，效果极佳。同时，通过外延性内容提供的接口，微课可以以超过课程结构的方式与其他微课产生联结。

平行性内容主要是与课程在逻辑深度上平行的知识点。这些知识点不存在于课本教材中，也不是根植于本微课内容的知识拓展或实践拓展，而是具有更强的独立性和开放性。

（5）设计教学交互

基于云平台的微课程，可以依托平台一体化的优势构建便捷、强大的师生交互。微课程建设的主题不应仅仅是资源建设，更应该将微课程的建设与平台建设相结合。

第一，学习专题设计。研究性学习是素质教育的一项重要内容，主要以学习专题的形式开展，培养学生创新意识和能力、学科间相互渗透的能力、合作的意识与能力。微课程的知识单元目标比较单一，在微课程实施过程中，可以以一节或几节微课程的主题为基础，提炼出一项研究性学习专题。微课平台提供了学习专题模块，该模块可以很好地承载学习专题的开展。

设计专题可以通过云平台通知模块发布专题任务通知，包括专题题目、专题目标、专题实施计划、学习小组分配、专题时间表、专题成果展示及验收评价等。专题题目基于一节微课程或几节围绕一个主题展开的微课程，具体表现形式为一个实际待解决的问题、一篇文献综述的要求、一次实验的设计等。

第二，教学问答设计。微课程教学方式以学生为中心构建资源环境，突出学生主体性、培养学生自主学习能力。但是就目前微课程实施状况看来，微课程师生互动存在不足。微课程可以利用云平台的教学问答系统，增强师生之间的互动。同时，针对问答系统出现人气不旺、提问积极性不高的情况，师生都要有意识地加强问答系统的使用积极性，发挥问答系统的价值。

第三，实践活动设计。微课程通常以微视频为核心，但其半结构化的特点，使单节微课也可以有其他的组织形式。例如，有些以实践为目标的课程单元，需要开展教学活动才能更好地达成目标。微课程可以采用两种策略，第一种是实践演示法、虚拟实践法，通过微视频对标准实践步骤、实践现象、实践要点、实践细节、评价标准等进行讲解或示范，或通过虚拟软件及课件让学生在虚拟环境下实践操作，如用 Flash 软件做虚拟化学实验。第二种是将微视频作为辅助资源，将活动方案作为当前微课的核心资源，微视频只作为活动范例展示活动要点。解释活动原理和合理性活动方案设计则要尽量精简，直指当前微课的目标。

（二）视频开发制作方式与工具使用

微视频开发制作方式灵活多样且技术入门门槛低，教师可以利用身边的工具进行微视频的制作。常见的微视频制作基本方式主要有利用电脑录屏软件录课、利用录像设备录课。

1.PPT+解说词+录课软件

第一，准备课程 PPT 和解说词。PPT 为画面的主要呈现方式，为教师提供授课逻辑与音画展示。PPT 要求尽量简洁、美观，切忌华而不实。PPT 设计应合理，单页内容不宜过多。学生在读取较难或内容较多的 PPT 时，如果需要经常暂停视频，那么虽然微课程时间长度被限制在 10 分钟左右，学生实际花费时间更长，这背离了微课程的初衷。教师不能直接把课堂 PPT 拿来用，需要适当修改。解说词最好提前做设计，不一定逐字逐句地设计，但一定要列好提纲、把握好重难点和分配一下时长。

第二，准备录课软件。电脑端录课软件常见的有 CamtasiaStudio、屏幕录像大师、BBFlashback 等。这些软件功能强大，且操作简单，教师经过简单培训即可上手。录制视频的常见分辨率一般有 720×576、1024×768、1280×800，帧速率不超过 25FPS，录制颜色最好设置为 16 位（bit），保存格式以常见的 mpg、wmv、avi 等为宜。

第三，后期剪辑。后期剪辑的目的主要是去掉录制时的错误内容、删掉重复内容及语病、修饰不清晰的音频、适当的特效包装技术等。微课程的剪辑区别于电影电视的节目剪辑，主要剪辑目标是清晰、完整地呈现教学内容。所以，微视频在画面取舍上，不拘束于画面的连续与完美衔接，但要尽量保证授课过程流畅，不产生歧义。

2.绘图板+电子白板软件+解说词+录课软件

该方案在录课软件和后期剪辑环节要求与方案基本一致，其特点是主要呈现工具为绘图板。绘图板结合电脑端的绘图软件或电子白板软件，教师可以实现手写教学板书的功能。常见的绘图软件或电子白板软件有 photoshop、painter、Eduffice 等，教师可以经过短期培训，快速掌握与课程相关的软件操作技巧。这种方案非常有利于推理证明过程和复杂关系的呈现，教师自由度高且类似于课堂黑板板书。一些图片、音频、视频、实物等教学元素，可以在录课过程中借助其他软件呈现，也可以放置到后期进行剪辑。

3. 纸笔/电子白板/液晶屏幕/抠像技术+摄像机

这种方案成本较高，制作周期也比较长，适合在学校有计划、有目的的微课程建设中开展。电子白板、交互式液晶屏有极强的交互特性，可以直接持笔书写，展示多媒体文件，是比较理想的展示平台，但是成本比较高。投影仪和液晶屏幕可以用来呈现PPS、多媒体文件，成本相对低廉；也可以利用抠像技术，制作人员在绿背景或蓝背景下先前期采集，然后利用后期软件去掉背景色，添加动态背景、知识要点、音画资源。摄像机采用单机位即可，拍摄过程由专门的拍摄人员负责，教师可以不用理会具体参数细节。

4. 课堂实录+双机位

课堂实录一般有很强的即视感，师生互动比较多，容易让观看微视频的学生产生身临其境的体验。同时，真实课堂上教师细小的肢体语言和表情都会被记录下来，现场录制可以让学生获得更多隐性信息。课堂实录的优势在于记录了师生互动，所以如果只有单机位就会很难操控，建议采用双机位录制，同步录制教师讲解和学生学习提问。同时，这种微视频制作方式可以是录制现实的课堂环境，也可以是录制专门搭建的微课程环境。

三、微课平台建设

（一）微课平台的构建

1. 页面风格设计

微课网站界面的设计应当以简洁、美观为主，色彩、文字、图片、视频的使用风格要统一，排列清晰有序。网站页面以浅色为主，营造轻松、舒适的页面感受。

2. 系统功能结构的建立

网站功能模块主要包括网站帮助系统、资源中心、论坛、检索系统、后台管理五大模块。

网站的帮助系统主要包括网站使用说明、资源上传规范说明、留言板和论坛板块使用说明，同时提供系统留言板，支持匿名留言，解答用户使用中的疑难问题，帮助系统和用户有效操作微课资源网站。

微课资源中心是微课资源网站建设的核心。对资源中心的资源分类依据课程进行划分，这样有助于用户迅速查找相关课程资源。同时，在论坛模块以同样的方式划分论坛板块，与资源中心相呼应，并将注册用户的操作信息同步发布。例如，在资源中心上传资源后，会在论坛相应板块自动发布一条带有超级链接的该用户上传资源的帖子；推荐与评价功能，同时通过设置注册用户的角色信息，实现对注册用户的个性化资源推送功能。

资源的功能如下：①资源订阅功能，通过 XML 语言实现资源库对不同需求的注册用户个性化推送。一旦网络上传了用户订阅的偏好资源，系统即可以向用户以短信、邮件的形式直接向用户推送该资源。②资源收藏功能为注册用户提供网络在线资源收藏功能。用户对自己上传、下载或喜爱的资源，可以直接分类保存在用户网络收藏夹中，以便于用户管理自己的学习资源。③资源的检索功能分为分类检索和综合检索。分类检索是用户可以依据资源的专业、年级、学院属性直接进行检索；综合检索中，可以实现以标题、关键字、专业和作者等数据的核心资源属性进行检索。④资源评价功能可以实现用户对微课资源的评分、评论，评分结果计入系统推荐功能模块，在首页实现对资源的评分排序推荐。⑤论坛功能为用户提供交流的平台，论坛板块分类与资源中心的资源分类同步，当资源中心注册用户上传相关资源后，在论坛相应板块也会直接新建帖子，提供该上传资源的链接地址。同时，论坛可以实现与 QQ 账号绑定，个人发言信息可以在微博同步广播。注册教师用户可以根据教学的需求，向管理员申请新建课程讨论板块，在板块内讨论的内容，教师有权进行审查、删除。⑥后台管理模块可以对网站的所有上传资源、论坛、网站注册用户进行管理，可以实现对注册用户网络学习行为的统计，包括注册用户在线时长、发帖频率、资源上传与下载频率等，并以报表的形式呈现给后台管理员。在网站管理模块中，管理人员的角色划分为网站管理员、教师、学生三个不同权限的组。

（二）用户角色权限的建设

根据微课网站的使用对象，可以将网站用户分为四类，即教师、学生、匿名用户、网站管理员，具体权限如下：

第一，匿名用户权限包括检索、查询、获取资源，可以对访问的资源进行留言评价，还可以通过网站留言板获得支持。

第二，学生注册用户除了拥有匿名用户的权限外，还拥有以下权限：①资源管理权限。资源的上传与下载，对自己上传的资源进行再编辑，包括查看、删除、修改；对喜爱的资源进行收藏、订阅。②论坛权限。用户基本信息维护，参与论坛讨论，申请加入特定教师课程讨论组，向论坛注册用户发送站内短消息，留言板块留言。

第三，教师注册用户除了拥有学生用户的所有权限之外，在资源与论坛权限方面还拥有以下特权：①资源管理权限。教师可以对相关类目下的微课资源进行管理，包括对该网站相关资源进行查看、删除、修改、上传与评价。②论坛权限。教师有权申请设立独立的课程讨论板块，并有权新建用户组，对该用户组学生用户进行管理。例如，教师能够为新建用户组的学生发放学习资料、发送群组消息、推荐资源、管理组内学生上传内容、查看学生网络学习行为的统计信息，包括学生上网时长、逗留板块、发言频次等。

第四，网站管理员对用户的管理包括添加、删除、修改学生和教师用户的信息与权限。对网站资源的管理，包括对资源入库的审核，资源的编辑、删除；对论坛的全面管理，包括帖子审核、屏蔽、删除、修改；同时也可以查看整个网站注册用户的网络行为统计信息（包括登录次数、在线时长、发言频次、登录板块分布等）。

（三）微课网站运行流程

教师可以充分使用微课网站辅助课堂教学，在课堂教学开始之前，教师可以首先通过微课资源网站发布课程相关信息，包括使用论坛专属板块、教师个人微博、邮件推送等方式，向班级学生提供课程资料（包括微课视频、教学课件、讲稿等）布置课程任务、提出讨论主题，学生及时参与互动，自由上传搜集来的各种课程相关资源，由教师审核后发布至网站，为课堂教学的展开打好基础。在课堂教学过程中，学生依据自学的网络课程资源与讨论主题，在课堂上与教师展开互动，依据网站平台的学生网络学习行为统计信息，对已经参与网络学习讨论的学生，直接回答其学习疑惑；对未进行网络学习的学生，引入新课，讲解要点，布置任务，督促学习，有针对性地区别辅导。课后，教师再次通过微课资源网站，汇总讨论问题，上传新课任务。

学生在课前通过微课资源网站与教师腾讯微博邮件等方式，自主学习教师布置的新课任务，收集学习各类课程相关资源，并将自己认为较好的资源上传至微课网站，提交教师审核。同时整理学习疑问，在课堂上集中与教师和同学讨论，课后再通过微课资源网站发帖或向教师发邮件解决遗留问题，接收教师新课内容，开始下一单元的学习。

四、高校微课教学实践活动的应用

（一）微课在教学实践活动中应用的原则

微课是借助先进的信息技术和网络平台实现的，其积极作用不能低估。它表现在优质资源共享和自学的灵活性上。

1. 吸引原则

教师所开发的微课要能对消费者——学生形成一定的吸引力。要想让微课成为资源建设的一支生力军，作为微课开发者，一定要站在学生的角度来下功夫。

这方面可以从微课的易学性和趣味性上做文章，所开发的微课应该使消费者流连忘返，教师要放下开发者的高姿态，使得开发的微课符合学生的认知特点。只有消费者不停地反复点击观看，才能发挥出这种学习资源的效力，使学习者满载而归。

2. 效用原则

教师开发的微课要在保证微小的前提下，使学生觉得这些微小的学习资源有用。微课开发者不要在一些没有教育或者学习价值，但是做起来表面漂亮的资源上做文章，这是所有微课都要参照的原则。

3. 灵活原则

微课被引入课程教学的过程中，可以是在课前、课中或者课后等节点灵活应用。在课前，学生个体自主学习微课，预先了解授课内容，便于师生在课堂上探讨问题，直至学习者掌握该知识点或技能。在课中应用微课，教师将微课当作纯粹的教学资源。在教学需要时，集中播放给学生观看，帮助学生更加形象和直观地理解重难点知识。在课后应用微课，为学生提供可以反复学习的课程视频，保证每一个学生都能掌握课堂知识。这种方式能够帮助学生自主补习、反复学习，直到学会为止。

4. 反馈原则

微课开发、应用与交流共享之后，需要对微课程进行多元评价和微课程的教学与应用评价，为接下来微课程内容的设计与开发提供指导和参考意见。教育评价、多元评价等多种评价方法都可以用于微课程的评价，及时的评价与教学反思可以促进优秀微课的开发与共享。

（二）微课教学实践活动的标准

1. 微课应符合课程教学大纲要求

微课内容要与教学内容匹配，反映教学重点、难点或关键知识点。微课要有一定的思想性、启发性和引导性，具有很好的辅助教学效果。微课要表述准确，无科学性、知识性、文字性错误。微课的教学目标不能超过教学大纲的要求，不能包括过多的教学内容，要符合课程要求及专业教学标准，符合学生认知能力和水平。微课整体设计要新颖且有创意，具有较大的推广价值。

2. 微课应符合学习者的学习心理

微课应减少学生的学习时间，提高学生的学习信心和兴趣，创造良好的学习情境。微课的内容要难易适中、深入浅出，适于相应认知水平的学生，有利于激发学生学习热情，有利于学习理解，注重能力培养，注重学生的素质教育。微课应注重教学互动，能起到启发学生思考、激发学生主动学习的效果。

3. 微课应表现教师的教学艺术和教学风格

教师教学语言规范、清晰、准确、简明。教师仪表得当，严守职业规范，能展现良好的教学风貌和个人魅力。微课教学应有创意，能充分表现教师的教学技能。

4. 微课应提供完整的教学资源

除了微课本身要有主题明确的微课程名称、片头、内容、片尾、字幕等完整的媒体文件外，微课的开发者应提供教学设计、教学课件、学生作业等其他教学资源。

5. 微课教学实践对多媒体的要求

（1）视频技术要求

微课一般采用流媒体格式。微课码流在128kbps~2Mbps、帧速≥25FPS，电脑屏幕颜色设置为16位。微课启动时间要短，片头设计一目了然，进入主题快捷。微课应插入一定的字幕，一是解决教师语言表达和视频表达的难点问题；二是用文字加强对学生知识的记忆。微课进程节奏要快，片头和片尾要简短，主题部分要丰满，镜头切换和"蒙太奇"手法运用合理。视频素材不应有抖动或镜头焦距不准的情况，镜头推拉要稳定，要保证主体的亮度。背景音乐和解说要清晰，解说要用普通话，音量和混响时间适当，音乐体裁与内容要协调。微课播放时要稳定性好、容错性好、安全性好、无意外中断、无链接错误。要使其操作方便、灵活，交互性强，人机界面简洁。

（2）动画技术要求

除与视频技术要求相似外，动画中的配色方案要协调，颜色不夸张，不暗淡。用二维空间表现的立体层次分明，进场和出场前后顺序不能颠倒，动画运动速度合理，视觉不应产生错觉。动画中的字幕规范，字号不宜过大或过小，字体运用合理，字幕不宜过多，以防干扰学生的注意力。动画所演示的概念、原理、结构及其他信息不应使学生理解错误或误会。动画设计应有必要的交互和链接，播放时尽量不用特殊的插件。

（3）课件技术要求

课件中文字大小应符合人体工程学的要求，文字配色要与课件配色方案相符合，每个幻灯片中的文字不宜过多，只能用提纲式的文字，不能用过多的文字来代替教学内容。图形或图像应采用JPG、GIF、PNG等常用格式，彩色图像的颜色数不少于256色，对色彩要求较高的图像建议使用全真彩，灰度图像的灰度级不低于128级，合理使用照片和剪贴画，照片不宜占满屏幕。课件应尽可能利用图片、图表、表格、流程图、双向表、插画等。课件中动画效果不宜过多、过杂，以免转移学生的注意力。

（4）艺术性标准

微课界面布局要合理、新颖、活泼、有创意、整体风格统一，色彩搭配协调、效果好，符合视觉心理。在构图上要合理组织画面，合理分割画面，主体元素突出。在色彩设计上要处理好对比与协调、变化与统一的关系。颜色不宜过多、过杂，在统一的色调中寻求变化。文字要简明扼要，纲要突出，字体、字号和字形要与微课协调，不使用繁体字或变形字。视频拍摄的角度、视距和镜头推拉要合理，主体、光照条件和背景亮度要协调好。解说、背景音乐和音响效果要搭配好，并与视频或动画主体的时间合拍，不得相互干扰。

（三）微课应用的范围

1. 适于教师在备课时借鉴学习

通过"微课"可以募集到许多优秀教师的讲课课件，这些优秀教师对课程标准的理解、对教材的分析、对课堂教学的设计是难得的课程资源。如果教师在备课时能学习、借鉴这些优秀资源，一方面可以提高个人的专业素养；另一方面可以直接借鉴学习，提高自己的教学水平。因为微视频不同于过去网上的课堂实录和优秀教案，它是以PPT课件的形式配以教师的讲解，对教师的备课能起到直接的启迪借鉴作用。

2.适于学生的课后复习

根据德国心理学家艾宾浩斯的遗忘规律，学生在课堂上学得再扎实，过后不复习也会遗忘。学生在复习时如果能够观看老师的微视频，会加深对教材的理解，会重现老师讲课的情景，激活记忆的细胞，提高复习的效果。所以，老师在课后可以把自己讲课的微视频放到网络上，供学生复习时参考。

3.适于缺课学生的补课和异地学习

有些学生因病因事缺课，过后找老师补课，一是老师不可能有时间及时给学生补课；二是老师补课时也不会完全像在课堂上讲课那么具体。有了微视频，学生即使在外地，也可以通过网络下载老师的微课自学，及时补上所缺的课程，使"固定学习"变为"移动学习"。现在笔记本电脑、平板电脑、智能手机比较普遍，携带方便，这些设备都能实现这种移动学习。

4.适于假期学生的自学

学生每年的寒暑假时间都比较长，除了参加一些必要的社会实践活动外，有些学生会预习和复习课堂学习的内容。如果老师能够根据学生的需要事先录制一些"微课"帮助学生预习或复习，也能够提高学生的自学效果。当然，用于预习的视频要区别于教师讲课的视频。

（四）微课教学实践活动的策略

微课作为一种新事物，需要综合考虑学科特点、知识类型、学习者特征等影响因素，其在教学实践中的效果也需进一步探索。

1. 微课教学应突破传统教学

微课教学不必遵循传统教学线性的设计过程，它可以是一个动态的、网状的、循序渐进的、形散而神不散的教与学的过程。一个完美的教学过程应体现出控制性和释放性的统一。因此，微课应突破传统教学，做到教师教学与学生学习"学教并重"的统一步调，"以教师为主导，学生为主体"的"双主结合"，从而实现学生、教师、微课和技术四个实体要素动态交互的过程。

2. 应打破微课教学等同于微视频教学的思想偏见

有很多教育工作者片面地认为，微课等同于包含某个知识点或者教学环节的微视频。其实不然，微课不仅包含微视频，也包括音频及多媒体文件的形式，同时还包含与教学主题相关的教学设计、素材课件、教学反思、练习测试及学生反馈、教学点评等教学支持资源。微课在教学实践中，应注重利用信息技术手段与某个知识点或教学环节进行深度融合，而不是拘泥于信息技术媒介的外在表现形式。

3. 微课教学应注重时间与空间的连续与统一

微课为符合学习者的视觉驻留规律及其认知特点，将教学内容以片段化的方式呈现，虽有助于学习者的深度学习，但碎片化的知识给课堂内容的统一、系统化整合带来了巨大的挑战。因此，微课的设计并不是对课堂教学内容进行切割，而是对课程中所出现的重点、疑点、难点进行精心的信息化教学设计，确定好时间单元；在保持知识相对独立性的同时，又与实际教学内容的整体性相联系。此外，学习者应有效地使用教学支持工具，充分利用零散时间开展移动学习，做到课内正式学习与课外非正式学习的统一与连续。

4. 微课教学应实际应用于具体的教学情境

微课教学是否科学、应用效果如何，不是通过简单理论归因、专家评判就能得出的，而是需要将其应用到具体的教学情境中，对教与学的环境、条件、因素等各方面开展实证研究，才能更加科学、客观地设计、开发及实施微课，从而提高学习者的学习效果。因此，微课教学应用要注意以下三个方面：

（1）要与常规课程相结合

微课是对重点、难点或某个知识的解释，是常规课程的有益补充，使用时必须与课程相结合。

（2）要与课程特色相结合

微课表现的内容必须体现课程的特色，用微课作为课程的名片。

（3）要与学生的学习兴趣相结合

将学生感兴趣、关注的知识内容用微课展示出来，这样才能吸引学生，获得好的学习效果。

在微课教学过程中，教师必须学习先进的教育理念，提升学科专业水平，强调以生为本的思想，掌握信息技术的手段。因此，针对微课教学，应注意以下要求：

第一，把握课程知识。微课的制作常常需要教师打破原有的知识结构和教学体系，重组教学内容，因此需要教师将教学内容烂熟于心，能够信手拈来，有高度的知识驾驭能力。

第二，谙熟教学技巧。怎样在很短的时间内将知识讲解清楚，这需要教师有非常娴熟的教学技巧，能够熟练运用各种教学工具与方法，掌握教学过程中的每一个环节。

第三，变革教学模式。在教学实践中使用微课，需要变革原有的教学模式，比如采取翻转课堂等方式，这样才能充分发挥微课的作用。因此，教师要有变革教学的勇气，敢于开展教学改革。

第四，了解学生需求。微课是以学生为主体体现学生的学习需求。因此，教师需要换位思考，充分理解和思考学生在学习过程中的各种问题与需要。

第五，追求教书育人。教师是园丁，不仅传播知识，还要教书育人。微课可以将点滴的教育思想和为人处世的原则潜移默化地传播给学生，起到传统课堂说教达不到的效果。因此，教师在利用微课传递知识的同时，要尽量融入育人和文化内涵。

（五）微课教学实践活动的评价

1. 教学实践活动的评价方法

教学评价的方法是指评价者为了实现教学评价的目的所采用的活动方式、程序和手段，教学评价方法种类繁多，教学活动的每一方面，如教师的课堂教学、课外辅导、教学成绩，学生的学业成就、劳动技能、思想品德等，都需要有特定的方法进行评价。下面将介绍教学评价中具有共性的、通用的一般方法。

（1）相对评价法

相对评价法是在评价对象的集合中选取一个或若干个作为基准，然后把各个评价对象与基准进行比较的评价方法。相对评价法的优点是适应性强、应用面广，不管这个团体状况如何，都可以进行比较，都能评出个体在集体中的相对位置。用建立在对象评价、对象群体测评基础之上的标准进行评价，发现个别差异，从而对被评个体做出较为客观、公正和确切的判断，有利于激发评价对象的竞争意识。相对评价法的缺点是评选出来的优秀者未必真正高水平、高质量，未被选上的也不一定水平低，所以容易降低客观标准。评价的结果所反映的只是评价对象在一定范围内的相对位置，不一定反映他们的实际水平，易忽视教育目标的完成情况。

（2）绝对评价法

绝对评价法是在被评价对象的集合以外确定一个客观标准，将评价对象与这一客观标准相比较，以判断其所处水平的评价方法。绝对评价的特点：①标准明确客观，与被评群体相对独立，而且在测量评价之前就已确定；②评价结论是通过将被评的实际水平与客观标准直接比较得到的，不依赖被评所在群体的状态水平；③评价结果得分的分布情况，事先不做硬性规定，不强行把被评的距离拉开，不要求必须分出上、中、下等级，而是希望达标者越多越好。

（3）个体差异评价法

个体差异评价法是以被评价对象自身某一时期的发展水平为标准，判断其发展状况的评价方法。

个体差异评价法最大的优点是充分体现了尊重个体差异的因材施教原则,并适当减轻了被评价对象的压力。但由于评价本身缺乏客观标准,不易给被评价对象提供明确的目标,难以发挥评价的应有功能。

(4)自我评价法

被评对象依据评价标准对自身所做的评定和价值判断称为自我评价。在教学评价中,学生对自己的思想品德、知识、能力、身体状况等进行评价,教师对自己的教学思想、内容、方法、态度、效果等进行评价,学校对自身的教学管理、教学质量进行评价等,都是自我评价在教学评价中的具体体现。

(5)外部评价法

外部评价又称他人评价,是指被评对象以外的组织或个人依据评价标准对被评者所实施的评价活动,它主要包括同学之间的评价、教师对学生的评价、教师之间的评价、领导评价等。外部评价是教学评价的重要形式与方法。只有科学、客观地进行他评,才能更好地发挥教学评价的鉴定作用,更好地发挥其激励功能,促进被评者改进工作,健康发展。

2. 微课教学实践活动的评价原则

根据教学评价的含义和方法,结合微课的功能与特征,应该在微课教学评价的原则上注意以下几个方面:

第一,科学性原则,主要包括:①基本概念、定理、定义、公式的描述准确,例证真实可靠;②分析、推理和论述严谨,实证步骤正确;③解说精确、术语规范、文字符号准确。

第二,教育性原则,主要包括:①符合教育方针,教学目标明确,对学习者掌握知识、发展能力起到促进作用;②理论联系实际,取材适当,有针对性,选题突出重点、突破难点;③符合教学原理和认知规律,分析推理深入浅出,富有启发性,形象直观,能使过于理性的知识感性化、抽象的知识形象化、枯燥的知识趣味化、深奥的知识通俗化;④形象生动,能充分调动学生的视觉、感觉、听觉等多种器官,便于学习和记忆,能有效提高学习的效率。

第三，实用性原则，主要包括：①操作简单，容错能力强，界面良好；②选题科学合理，内容选择恰当；③能够切实提高学习者的学习效率，有利于加强学生对知识的理解和掌握。

第四，艺术性原则，主要包括：①创意新颖，构思巧妙，节奏合理，具有表现力和感染力；②画面美观流畅，切换过渡自然，整体设计合理，画面突出主题，表达能力强；③声音清晰，无杂音，配合文字、图片，能调动人的各种感官。

第五，技术性原则，主要包括：①图像、声音、文本设计合理，画面清晰，字幕清楚；②声像同步，音量适当；③课程可以跨平台使用，安全可靠，不受错误操作影响，容错能力强，在不同配置的计算机上运行无障碍。

3. 微课教学实践活动的评价策略

由于微课评价指标的角度不同，所以评审标准会略有不同，但其评价策略却是相似的。

（1）采取定量评价与定性评价相结合的方法

评价体系过分量化，容易将一些无法量化的内容排除在外，从而影响评价结果的真实、可靠。因此，应采取定性、定量相结合的方式，搜集全面、有效的数据进行评价，提高评价结果的可靠性与可比性。

（2）创建一套完善的评价反馈体系

评价反馈对于准确、清晰地认识微课的建设与使用情况具有重要的意义，同时有利于帮助开发者及时发现存在的问题和不足，提高微课效益。评价反馈体系的创建，应该充分发挥专家小组和网络评价的意见。

（3）统计加权法设定指标的权重

通过统计加权法设定指标的权重，以最大限度地减少评价的随意性，使评价更加科学合理。加权不仅可以显示某些指标在评价体系中的重要程度，而且是评价指标体系取得可比性和客观性的基本保证。

（4）从微课自身特点出发，形成立体化的评价体系

根据微课的特点，从内容到形式，形成一个立体、全面的评价体系。教学评

价中，在注重教学效果的总体评价、学生评价、同行评价等方面的同时，要更加重视对学习者自身的评价及同伴的评价，进而实现多方位、多角度的教与学的评价，保障人才培养质量。

（5）采用评价反馈再评价的方法

教学评价本身就是一个循环往复的过程，对前次评价的结果进行分析，实际上就是对上一轮评价进行一个全过程的检验，从而为下一次评价提供有效的信息。

参考文献

[1] 陈熙维. 大数据视域下高校教育教学管理创新路径探究 [J]. 食品研究与开发，2023，44(4)：237.

[2] 石聪. 高校教育教学管理改革与发展探讨：评《现代教育理念下的高校教育教学管理研究》[J]. 中国教育学刊，2023(2)：121.

[3] 张登倩. 云大数据背景下高校教育教学管理信息化策略探究 [J]. 教育教学论坛，2023(6)：50-53.

[4] 杨金田，贾文彤，张卫. 红色体育精神融入高校教育教学的价值、内涵与实施路径 [J]. 河北经贸大学学报（综合版），2022，22(4)：68-74.

[5] 王晓晶. 高校教育教学管理制度体系的建构：评《高校内部管理体制改革新论：自主协同的研究视角》[J]. 中国高校科技，2022(12)：103.

[6] 王丽娜. 地方应用型高校教育教学质量文化建设路径的研究 [J]. 湖北开放职业学院学报，2022，35(23)：52-54.

[7] 杨泽凯. 微电影在高校教育教学中的应用场景与应用策略探究 [J]. 新闻研究导刊，2022，13(23)：179-181.

[8] 鲜艳. "互联网+"背景下高校教育教学策略研究 [J]. 吉林省教育学院学报，2022，38(11)：18-21.

[9] 郝晶晶. 立德树人视域下构建高校教育教学改革体系刍议 [J]. 教育教学论坛，2022(44)：78-81.

[10] 钟丽花. 大数据时代高校教育教学管理的机遇和挑战 [J]. 江西电力职业技术学院学报，2022，35(10)：103-106.

[11] 李旋.双创背景下高校教育教学改革探索的研究[J].湖北开放职业学院学报,2022,35(19):1-3.

[12] 张唐梁.高校教育教学管理理论与实践:评《现代教育理念下的高校教育教学管理研究》[J].中国教育学刊,2022(10):118.

[13] 高爱华,施志艳.新时代下高校音乐教育多元化教学创新探索:评《高校音乐教育核心课程多元化理论与实践研究》[J].科技管理研究,2022,42(2):246.

[14] 陆官虎."互联网+"视域下高校思想政治教育实践的创新:评《互联网+视域下思政课教学理论与实践发展研究》[J].新闻与写作,2021(6):115.

[15] 张瑞先.基于创新教育理念的高校体育教学方法的理论与实践探究[J].冰雪体育创新研究,2021(9):136-137.

[16] 郭旗.我国高校教育教学类移动应用有效性及治理路径研究[D].东北师范大学,2021.

[17] 张萍,徐赟.乡村振兴视域下传统文化在高校教育教学中的创新:评《教学理论与实践》[J].热带作物学报,2020,41(12):2617.

[18] 高智玲.创新教育理念下高校相关教学方法理论与实践研究[J].河北农机,2020(10):49.

[19] 王龙龙.基于创新教育理念的高校体育教学方法的理论与实践探究[J].青少年体育,2020(2):100-101.

[20] 朴承浩.高校美术的教学方法及其创新研究:评《现代美术教育理论与实践研究》[J].教育发展研究,2020,40(2):88.